読みなおす日本史

武士の原像

都大路の暗殺者たち

関 幸彦

吉川弘文館

はしがき

「都大路の暗殺者たち」といういささか小説風味の副題だが、中身はいたって真っ当である。武士以前の「兵」（つわもの）とよばれた平安期の王朝武者の実像を描こうとした。血をいとわない彼らの姿を、説話を材料に料理しようとした。本書は、これまで出版した拙著のいくつかを連結して一書になしたもので、多くは『説話の語る日本の中世』（そしえて、一九九二年。のちに新人物往来社、二〇〇五年）に依拠しているが、賞味期限としては、なお有効と思っている。

従来、武士論を考える場合、嫡流の地位にあるのは鎌倉時代の武士だろう。領主制論によって代表される武士論は鄙《ひな》（地方）の論理で組み立てられてきた。武的領有者への転身の過程がさまざまに議論されてきた。蓄積されてきた研究の有効性は疑いないにしろ、嫡流とは異なる武士に関する問題提起も、一九八〇年代以降、本格化しつつある。

いわば散文的な武士像といわれるものだ。『平家物語』などの軍記からいささかの距離をもった武士の世界を語ることが、ここでの課題となる。

本書には清盛も頼朝も登場しない。あえて英雄的世界を突き放すことで、鎌倉以前の王朝時代の武者たちの生態を考えようとした。そこには王朝から連想されるロマン的気分とは、異なる世界も宿されているはずだ。

本書は都鄙《とひ》相互のかかわりのなかでの武士の原像について、どのような議論ができるかも提起したいと思っている。斜に構えたかたちでの武士論を組み立てるために、本書では副次的位置しか与えられてこなかった説話史料を多用した。お伽草子《とぎぞうし》もふくめた説話類は、実録的一級史料に比べて劣っているいることはたしかだろう。けれども饒舌さに裏打ちされた情報の豊かさは貴重なものがある。説話が与えてくれるメッセージを取捨選択することで、一次史料からでは得られない内容を汲み上げることも可能となろう。

以下、本書の構成を簡略にふれておく。

「おとぎの国の中世」と題した章では、室町小説の代表として知られるお伽草子を素材に、ここから得られる興味深い話題を抜き出し、本書全体の導入とした。

「『王朝』という時代」「神々の相剋」「都大路の暗殺者たち」「都鄙往還」の四つのパーツが本論にあたるもので、いずれも平安・鎌倉期の説話史料を用いながら、兵《つわもの》なり武者なりの生態について論じた内容となっている。主要なる対象は、兵が登場する十世紀以降、十二世紀までの時代での彼らの動向をいろいろな切り口で語ったものだ。

そして最後は「王朝武者の記憶」と題し、これまたお伽草子の世界に戻って、平安武者の象徴とされた源頼光《みなもとのよりみつ》などのスーパーヒーローを題材にエピローグ的なかたちで論じた。

全体としては、平安・鎌倉期の説話史料を本論にはさみ込み、虚構性・空想性のより高い室町期のお伽草子を外側に配することで、語り継がれてきた王朝武者の記憶についてひもとこうとした。外にあるお伽草子はいわばその誘い水ということになろうか。一見奇妙に思われるだろう構成の真意は、およそこんなところである。賞味の可能性をゆっくりと試していただければ幸いである。

目次

おとぎの国の中世

ここでは、室町時代の「お伽草子」に題材をしぼり、本書の導入とした。「おとぎ話」と一括されたもののなかから、兵（つわもの）や武士の世界に通底する内容を選び出し、本書の全体の問題の押さえ所・勘所についての見取り図を示すこととした。

「一寸法師」などの有名なおとぎ話から、武人的世界の原像について眺めておきたい。そして血避《けつぴ》観念から解放された戦う人々の登場が、中世社会にどのような意味をもたらしたのかを考える材料としたい。

お伽草子と「アラビアンナイト」

名曲「シェヘラザード」をご存じの方も多いかもしれない。有名な「アラビアンナイト」の語り手の姫君の名に由来するという。「アラジンと魔法のランプ」や「アリババと四十人の盗賊」の話など、アラビア版の「おとぎ話」の語り手がシェヘラザードだった。

彼女がシャフリヤール王の求めに応じ面白い話を千と一夜にわたり語りつづけるという形式から

「千夜一夜物語」とも訳される。つまらぬ話だと王の不興を買い、翌朝には死体にされるわけだから、語りつづけるシェヘラザードも「伽《とぎ》」の話題に叡智を尽くす。その甲斐あってかやがて王妃の座を射とめるというもので、智恵《ちえ》ある女性のサクセスストーリーとしても妙味あるものだろう。

と同時に、興味深いのは、語り手たるシェヘラザードが種々の話を仕入れる場がバザール（市）という無縁《むえん》的場であったことだ。〝自由の場〟たる市で雑多な人々が伝えるうわさ話こそが、彼女の話の種だった。そして、たとえばアリババがそうであったように、語られている少なからざる主役が、山賊海賊といった、これまたアウトロー的無縁世界に属した。

一般に「アラビアンナイト」の祖型は八世紀末の成立ともいわれ、その後歳月をへて、十六世紀のマムルーク朝で今日的な姿となったようだ。その中身は多彩である。メルヘンありロマンスあり、悲喜劇ありと、さまざまである。その点で、話柄の幅広さとともに、成立時期などから見ても、「アラビアンナイト」の世界は、わが国の「お伽草子」と通底している場面が少なくないようだ。

この両者のシンクロ性は、語り手たるお伽衆の存在にあっても類似する。「伽」（とぎ）とは元来、漢字の成り立ちでもわかるように、他者のお世話をすることを指した。病人であれ、貴人であれ、要は退屈させずにもてなす行為でもある。そこから転じて都鄙を問わず、身分を問わない主人公が設定され、語り継がれてゆく。別言すれば、時と場と人それぞれに、時空を超えたり、身分に拘束されない自由さがふくまれている。「アラビアンナイト」とのシンクロ性の根源には、そうしたこともあるようだ。

語り手たるお伽衆により紡《つむ》がれてゆく物語は、荒唐無稽さをともなうことすらある。そのあたりは同じく説話的世界ながら平安末期の『今昔物語集《こんじやくものがたりしゅう》』などとは一線を画する。そこに庶民の夢（婚姻と致富《ちふ》）が明確に描かれているか否か。その有無が室町小説＝おとぎ話との差でもあろうか。

一般にお伽草子は、公家物・武家物・宗教物・庶民物・異類物・異国物等々に分類される（市古貞次『中世小説の研究』東京大学出版会、一九五五年）。このうち公家物および武家物のジャンルの過半は、その題材が王朝時代に集中する。「一寸法師《いつすんぼうし》」「酒呑童子《しゆてんどうじ》」「田村草子《たむらのぞうし》」「俵藤太物語《たわらとうた》」など、人口に膾炙している話は平安世界のそれである。このあたりの事情はやはり王朝の記憶を考えるうえではおさえねばならない。

「おとぎ話」と王朝の世界

ここで文学的議論をするつもりはないが、これが誕生した室町の時代についてだけはふれておく必要がある。庶民の夢が記された「おとぎ話」の多くが王朝時代を舞台とする背景もおさえておきたい。お伽草子が登場する十四世紀から十六世紀は、中世も後期に属した。公家一統《くげいつとう》の建武《けんむ》体制が解体して、武家による室町体制が樹立された段階にあたる。室町の武家王権が成立するなかで、新たなる秩序の回帰がはかられ、〝室町の平和〟と呼称される歴史的環境が現出される（山田邦明『室町の平和』吉川弘文館、二〇一一年）。

そこでの特色は、京都の王朝権力を吸収した武家が、官職的秩序さらには家格的秩序への回帰をめざし、伝統の京都王朝を武家の胎内へと吸収する方策が創出されるという流れがあった。典礼・儀式などの武家故実《こじつ》が有職《ゆうそく》との関連で脚光を浴びるのも、その点と無関係ではなかった。

主人公が多く都へとおもむき、ここで貴族的世界に同化することで幸福を与えられるとのストーリー性には、王朝人へのあこがれが語られている。常陸《ひたち》出身の塩売りが富を得て長者となり、娘たちを貴族の妻や天皇の妃《きさき》に入れ、大納言にまで昇りつめる「文正草子《ぶんしょうそうし》」、信濃《しなの》の怠け者の男が歌才を認められ都で中将に出世する「物くさ太郎」など、努力や才覚で地位向上が約束されるというプロットそれ自体は、中世後期の下剋上的風潮と一体であったことも忘れてはならない。

一般民衆をテーマとしたそうした庶民物とは別に、武家物にも同じく時代の味をたしかめられる。のちにふれる「御曹子島渡《おんぞうししまわたり》」や「田村草子」などは、義経的・坂上田村麻呂的人物が主人公ながら、彼らはいずれも「的」であり、架空性にこそ本質があった。けれども、その架空性が受容されるためには、過去の史実を下敷きにした人々の当該人物への記憶がなければならない。『平家物語』なり『太平記』なりを生み出したあとの時代だからこそ、「お伽草子」の登場が可能となった。

歴史上の人物に範をとるおとぎ話は、都《みやこ》と鄙《ひな》との往還が語られているものが少なくない。そこには中世後期における地方・地域の自己主張という時代性を離れては語れないことも事実である。

「物くさ太郎」を考える

庶民の台頭と地方の浮上、この二つながらがお伽草子の登場をうながすことにつながった。婚姻と富による成功譚《たん》がいっそうの輝きをもって迎えられるのも、庶民と地方の浮上があったからだろう。たとえば「物くさ太郎」である。信濃国《しなののくに》筑摩《ちくま》郡《ごおり》あたらし郷《ごう》に住む無精者《ぶしょうもの》が都にのぼる。まめに働いた太郎は主人から暇をもらい国に帰るおり、清水寺で〝辻捕《つじど》り〟をはたらき若き女房をわがものにする。和歌の名手とされた物くさ太郎は「からたちばなの紫の門《かど》」の詞を残し去った女房を歌をたよりに探し出すことに成功する。

その歌才でやがて太郎は内裏《だいり》に召されることになり、その後太郎は自身のルーツが信濃に配流《はいる》された二位中将の子孫であることが判明。わが身もまた父母の願いで善光寺の如来から授かったことが判明する。数奇な運命をくぐりぬけてきた太郎の力に帝《みかど》もまた興味をもち、彼に信濃・甲斐を与え信濃中将に遇するとのストーリーである。

この「物くさ太郎」をどのように読み解くかは、民俗学・国文学の方面からいろいろな見解が出されている（たとえば『定本柳田国男集』第八巻、筑摩書房、一九六二年）。さきにふれたように、庶民と地方が一体化し、夢を実現させている点は動かない。

アジール性云々については、「物くさ太郎」の類型それ自体が有縁《うえん》から排された存在として登場しており、氏素姓がはっきりしない匿名性がポイントであろう（最終的に自身の貴種たるルーツは判明するにしても）。くわえて興味深いのは辻捕りで女房を得たということだ。「男もつれず、輿車《こし》にも乗らぬ女房の、みめよき、わが目にかゝるを取る事、天下の御許しにて」との発言に表明されているように、「女辻捕りは天下の大法」との考え方である。

そこには公界《くがい》性・無縁性を有した場での〝女捕り〟〝かどわかし〟の慣習も是認されていた。清水の〝坂〟と〝辻〟は、その意味でこの物語の舞台設定にそれなりの役割を与えた。寺社の境域に位置する無縁的場が、辻捕りという場面に彩《いろど》りをそえていることも偶然ではなかろう。

アジール論の射程と武士

そもそもアジールとは「避難所」という意味の外来語（独語）で、世俗の権力（俗権）から遮断された教会などの聖なる場所＝平和領域をさした。具体的には前にふれた辻・坂・峠・関・森・山など、無主・無縁性の場が対応するとされる。前記の「物くさ太郎」に登場する辻は、その意味で俗縁《ぞくえん》的領有の場から隔離された一種の闇の世界として人々に意識されてきた。そうした所々は有縁・俗縁的世界と一線を画するアウトローが隠れすむ空間ともなる。鬼などの魔性を有した存在は、その魔性のゆえに神との同居性もしばしば指摘される。「鬼神」と一括される存在は、その無縁性のゆえに時空を超えたところに跋扈《ばっこ》することにもなる。

そのアジール云々に関連して、いま少し議論を深めたい。そのはるかなる射程は兵や武士論ともつながるからである。それはともかくとして、「お伽草子」のなかでの武勇譚は、多くが鬼が登場し、これを退治するとのサクセスストーリーと相場が決まっている。

鬼退治の構図は、その居所たる場（島・山）も、退治される対象（鬼・童子・化身《けしん》ノ物・物怪《もののけ》）も、そして退治する主体も、ほぼ定まっている。造形化された主役は多くが王朝武者とおぼしき存在だった。坂上田村麻呂・藤原利仁《ふじわらのとしひと》・俵藤太《たわらとうた》（秀郷《ひでさと》）・源頼光・義経・為朝といった面々である。彼らにまつわる冒険譚はあらためて話題にするとして、重要なことは、無縁性を有した存在を武威によって打倒するストーリーがお伽草子での真骨頂だった点である。

その場合、武者たちが駆使した武力を保障したものが神仏的霊威・加護であることは留意されるべきだろう。その限りでは、王朝武者の末裔が武士として活躍、それが武家の政権へと結実されるわけで、お伽草子的武勇の世界にあっては、武門登場の予定調和が語られているとみなすことも可能だろう。

ただし、だからといって粗野なる剝き出しの武力のみでは、鬼退治は実現されず、これを裏打ちするべく霊威（神仏の権威）、王威（天皇の権威）があって実現されるという流れとなる。

このことの深い意味は、血避観念が強い王朝時代にあって、在来の王威や霊威のみでは無縁的世界の包摂は難しく、伝統を併有しつつも有縁的世界に身をおきつつ、それを一元的支配に統合し得る力を保持した存在が期待されたのではなかったか。武的領有者たる兵・武士とは、まさにそのような役割を担っていたと思われる。「お伽草子」の世界に共通するヒーローたちの原風景には、そのような立ち位置にある存在が少なくない。

「物くさ太郎」の話題からいささかズレたが、右に述べた諸点をさらに掘り下げるために、「一寸法師」の話を補助線に考えてみたい。

「一寸法師」

おとぎ話の横綱といえば、誰もが知っている「一寸法師」だろう。摂《せっ》の国の難波《なにわ》に住む年老いた夫婦が住吉明神に願をかけ、授かったその子は一寸ほどの異形《いぎょう》の小人だった。失意の両親は椀《わん》の舟と針の刀をもたせ、都にのぼらせる。やがて三条の宰相の館への出入りを許され、その姫を見そめた一寸法師は、三条姫君を舟で連れ出し、「きょうがる島（興がる島＝奇妙な島）」へと漂着する。

そこで一寸法師は鬼に遭遇し呑み込まれるが、針の刀で退散させる。そのおり一寸法師は、鬼たちに「是《これ》はたゞ者ならず。たゞ、地獄に乱こそいできたれ。たゞ逃げよ」といわせて撃退した。彼らは「暗き所」へと逃げ去ったが、鬼が残した宝の小槌《こづち》の験力《げんりき》で一寸法師は背たけものび、金銀を打ち出し、姫とともに再び上京して夫婦《めおと》となることを許される。やがて鬼退治の武勇が内裏に聞こえ、堀《ほり》河少将《かわのしょうしょう》とよばれるまでに出世する、とのストーリーだ。

この話の底流に住吉明神の霊験があることはいうまでもないが、前述の「物くさ太郎」と同じく貴《き》種流離譚《しゅりゅうりたん》としても共通する。「一寸法師」もまた人の讒《ざん》により流され人となった堀河中納言の縁者《えんじゃ》であったとの設定である。異能・異形の持ち主の出世には、貴種流離のモチーフが隠し味となっているところに、室町的小説の面白さがある。

ここでも、婚姻と富という「お伽草子」の話柄は共通するものの、「一寸法師」説話ではそれを獲得する手段が、三条の姫君との婚姻に関しては食物の策をめぐらす彼の智恵であった（貢物の米を姫がかすめたかのごとく三条宰相に思わせ、彼女を追放させるように仕向ける算段をする）。また富については、鬼退治による打出の小槌の獲得という機転と武勇にあった。

ファンタジー的世界が満載されている内容は、たしかに「お伽草子」の白眉《はくび》とされるに値する。目眩《くら》まし的に配されている装置（針の刀、お椀の舟、三条姫君、鬼退治、打出の小槌）をつないでゆけば、貴種の末裔が都にのぼり、貴族の用心棒となり武勇で活躍、婚姻を介し名士となる。大枠はそんな流れということになる。お伽草子の武勇譚的世界は大なり小なり、右にかかげたストーリーに集約される。

そこには鬼・物怪・異類を排する武力とこれを実現し得る力量の持ち主への讃辞が底流にある。それを保障するものが勅《ちよく》・宣旨《せんじ》なり王威・朝威の力であり、霊威・法威という神仏の加護であった。その限りでは一寸法師のサクセスストーリーには兵や武士の姿を彷彿《ほうふつ》させる内容が想定できるようだ。

「ただなる者」と「くせ者」

「是はくせものかな、口をふさげば目より出づる。……是はたゞ者ならず……」。鬼が一寸法師との戦いに閉口、困惑する場面の描写だ。そこには「曲者《くせもの》」として鬼を惑わせる一寸法師の戦う様子がうかがわれるが、興味深いのは「曲者」と「直者《ただもの》」なる対比だろう。字意からすれば、曲・直は、曲は負の価値観が共有され、直は正のそれだ。縦・横の語もこれに通底するわけだが、この話のおさえ所は、鬼という「曲者」的存在を打倒する者は、同種の「曲者」でなければならなかったという逆説的真理だろう。

元来、鬼は無縁的世界に住むゆえに、有縁的一般人（「ただなる者」）に脅威を与えることを可能とさせた。当然、一寸法師を「ただなる者」とふんだ鬼は、これを襲う。だが案に相違して失敗する。敵（＝一寸法師）をまさに〝呑んで〟かかったがための敗北ということだが、「くせもの」（曲者）たる一寸法師を見ぬけなかった鬼の無知さも原因といえる。あわせて注目されるのは、「地獄に乱こそいできたれ」と鬼にいわせた、一寸法師の出現のくだりである。「地獄」とは元来が〝無縁的な負の場〟であるべきところのはずだが、その負の連鎖的関係性（無縁的平和）を断ち切る存在こそが、一寸法師の出現とされていることだ。

以上、一寸法師の話から得られるコードは、曲者的な異類・鬼の存在を攻略するには、攻略する側も同質の曲者へと転生・転身することが要請されるということだろう。曲者への変化《へんげ》（転生《てんしょう》・転身《てんしん》）は、刀剣に象徴される武芸の力も大きい。針の刀を所持した一寸法師は、彼自身も「一寸」の異形的存在だったわけで、それだけに鬼神的立場に同化しやすかったことになる。

一寸法師は、三条姫君をわが妻にするために智恵（奸計）をめぐらすほどの曲者だったわけで、いずれから推しても「直者」とは距離があった。一寸法師の智恵には毒があった。「直者」たる智恵ではなく、悪にも近いものだろう。〝目的のためには手段を選ばず〟のごとき臭いがただよう。そしてそれを容認する雰囲気も、このお伽草子的世界は随伴している。「直者」ではすべてが解決できない世界。そこに「曲者」の存在意義を見出そうとする。智恵を駆使した逞《たくま》しさへの信奉。これもまた一寸法師説話が伝えてくれるメッセージだろうか。

ちなみにこの曲・直がかかわるテーマで連想されるのが、『古今著聞集《ここんちょもんじゅう》』に語られている屏風の説話である。後三条《ごさんじょう》院のころの話として載せるもので、のちに詳述するが、人の生き方や政治の政策を屏風に喩《たと》えた内容で、屏風を曲げずに延ばせば倒れる。実直さのみでは成功は難しく、「人は屏風のようなる」生き方こそが必要なことを説いた内容となっている。律令時代の理想主義からの脱却を屏風の立て方になぞらえ語ったものだった。

この説話の主題には、平安後期の王朝時代の風潮が示されており、「直」よりは「曲」への価値の転換を看取できる。その点では、架空的世界とはいえ、一寸法師に見る曲者的存在への価値を見出す方向は、右の王朝説話に胚胎している。

王朝的アイデンティティへの回帰。お伽草子の底流にあるものの多くは、これであった。一寸法師の舞台には、その王朝的と解釈し得る回路が用意されていた。

「一寸法師」の正体

武器を携え、武勇をもって鬼を退治する存在は、まさしく王朝武者のヒーローの原型をなす。一寸法師に語られている説話コードは、兵・武士の存在が投影されている。たしかに一寸法師は王朝武者の要件をそろえた存在といえそうだ。一種の匿名性を帯びるがゆえに、このストーリーは通有性と普遍性をもち得ると思われる。

考えてみれば「一寸法師」の「一寸」はたんに弱小という代名詞であり、これが成長するプロセスのなかにこそ、兵・武士への転身を読み解くべきだろう。鄙《ひな》に生をうけ、侏儒《しゆじゆ》的劣性をバネに知恵と武勇で都の貴族に認められ成功するこのモチーフには、逞しい力への憧憬《しようけい》も示されている。都と鄙を往来するなかで、都は自身をステップアップさせる場として登場していた。

三条宰相とその姫君との出会いにともなう転身の機縁の場こそが都だった。そしてそれを拡大・成長するための場が鄙（辺境）であり、そこでの鬼退治の武勇が功名を約束させた。兵的なものへと成長させる契機となったものが、都での王朝的権威との接触であり、これを前提とした鄙での鬼征伐譚ということになろう。

都鄙の地理的な隔たりは、心的な構造では浄と不浄、聖と穢《けがれ》、そして有縁と無縁という二項・二極の対抗として認識されるが、兵や武士といった武的領有者は領主と戦士という二つの側面を具有する（拙著『武士の誕生』日本放送出版協会、一九九九年。のちに講談社学術文庫、二〇一三年）。

前者の領主については、有縁的空間を拡大し（「宅《たく》」の論理による拡大）、津・島・河・山などのアジール性を帯びた地域空間を包摂するように志向する。そして戦士という面では、その本来から有する不浄・穢との同居性（戦いにともなう流血も不可避）も併有していた。兵や武士という存在は、この二つの世界を架橋する媒介的存在だった。

元来、権門たる貴族（公家）や寺社家は血避観念を強く有していた（義江彰夫『歴史の曙から伝統社会の成熟へ』山川出版社、一九八六年）。兵や武士は、その血避観念を克服する存在として登場する。

こうした観点を前提にすれば、「一寸法師」は兵的存在と解することもできそうだ。貴族・権門の姫を守るべく、邪悪な存在（鬼）と流血をいとわず闘諍する行動は、兵と呼称するにふさわしい。あわせて注目されるのは、この話の結末だろう。絵空事だとしても、一寸法師は功名で堀河少将・中納言へと累進し、都の名士へと転身する。武力・武芸を業《なりわい》として、権門へと自らを変貌させるというプロセスもまた、兵の軍事貴族化という流れに合致するようだ。

このあたりの事情を以下、もう少し別の角度から掘り下げておこう。

「針の刀」あるいは「打出の小槌」

「一寸法師」は摂の国の故郷を出るおりに「針の刀」を与えられ、これで「きょうがる島」の鬼を退治した。そして鬼の残した万能の宝器「打出の小槌」で財宝を入手、自らの劣性（小人）を消し去ることに成功する。この話柄での針と小槌の関係は、子細に見れば、針という武器を駆使することで、小槌という万能具（宝器）が入手可能となったことだ。

考えてみればこの宝器は、「三種の神器」にも匹敵するほどの効力を有した。鬼の世界では、異域（「きょうがる島」）での支配の正統性を示す一種のレガリア（ラテン語で王の権力の正統性を象徴するための宝器。王冠とか宝剣とか、三種の神器も同種だろう）的要素があった。

異域・異界を武力で征服・征伐することにより、そのレガリアを自己の領有に帰属させるという簒《さん》奪《だつ》的権力論の変形版としてこの話を読み換えることもできる。「一寸法師」の場合、異界でのレガリア（「打出の小槌」）を自己の所有として、これを自らの力の源泉とすることで、本来の有縁的な王朝権門へと回帰、その一員としての地位を築くというストーリーなのだが、別のバージョンもあったはずだ。征伐した異域世界に、征服者としてそのまま存続し、新しい主君の立場で君臨するという流れである。

お伽草子的世界では「一寸法師」は前者の途《みち》を選択することで、彼を追放した三条宰相との関係の修復に成功する。この場合、三条宰相は妻側の実家であり、王朝の権門であったわけで、官職授与（少将や中納言への補任《ぶにん》）自体、武功への恩賞としての性格を有した。「一寸法師」が武力（軍事）を介し、その職能を駆使し権門へとわが身を転生させる流れは（軍事貴族への脱皮）、まさに武者の原像を連想させるのではないか。

さらにいえば、「一寸法師」の出自は、無縁的象徴たる異形の存在として登場する。けれども、彼は貴種流離譚よろしく、流人貴族の末裔として、サラブレッド性を有するかたちで帳尻が合わせられている。いわば〝どこの馬の骨〟ではなかった。この貴種性への担保もまた室町小説の特色だろうか。「一寸法師」説話を兵・武士論の回路で探る場合には、出自（ルーツ）の正真正銘さについても興味がそそられる。

お伽草子と鬼退治

鬼の語源として、「オニ」が「オン」（隠）に通底するとの指摘もあるが、その文学・民俗学での議論は横においておこう。「一寸法師」の武士論回路へのつながりから、ここでは鬼のレガリアについて少しだけふれておく。題材は「御曹子島渡」である。

このストーリーには源義経が下敷にあることは明らかで、後世の義経入夷《にゅうい》伝説の原点の一つとされる（拙著『蘇る中世の英雄たち』中公新書、一九九八年。のち改題し『英雄伝説の日本史』講談社学術文庫、二〇一九年）。御曹子＝義経の異域歴訪譚を骨子とするもので、ここでも鬼の「かねひら大王」が支配する蝦夷《えぞ》ガ千島《ちしま》へ渡り、かの地に秘蔵されている兵法書（「大日の兵法」）を修得、その兵法の威力で天下平定をなす。こんな流れが骨格となっている。

奥州の藤原秀衡《ひでひら》の意見にしたがい、兵法書の入手を願い、幾多《いくた》の島々での艱難辛苦《かんなんしんく》をへて、鬼の大王のもとを訪れ、大王の娘「あさひ天女」と契《ちぎ》りを結び、兵法書の入手に成功する。興味深いのは、例の「一寸法師」が三条姫君をわが物にしようとしたと同じく、御曹子もまた兵法書入手のために夫婦の契りを結ぶという場面だ。巧《たく》みな言葉で父の鬼の大王を裏切らせる御曹子の機転は、やはり曲者（智恵者）のそれだろう。

あわせて御曹子が所持した「たいとう丸」なる笛の力も、異類・異界に住む者たちを威圧させる手段として描かれている。北天の守護神・毘沙門天《びしやもんてん》の化身《けしん》たる御曹子の力も与《あずか》って、異域世界の征服がなされるという構想である。

この「御曹子島渡」には島―鬼―征伐という「一寸法師」と同様の要素が散りばめられている。「打出の小槌」は登場しないにせよ、これに代わる「大日の兵法」という自己変身の魔法装置が登場する。そして「針の刀」に対応するものが横笛の「たいとう丸」の力ということになろうか。海の神・住吉明神の申し子に比されるのが北方の神・毘沙門天という設定だろう。

このように考えれば、異域世界での征服にともなうレガリア（当該地域の支配の正統性を示す宝器の類）の入手は、入手者の自己変身・拡大による願望の実現の最重要の手段であったこともわかる。

ついでながら「蝦夷ガ千島王」（＝「かねひら大王」）からの兵法伝授のくだりは、『義経記《ぎけいき》』にそのモチーフがある。義経伝説の宝庫ともいうべき『義経記』では、奥州の秀衡のもとを辞し京都に入った義経が、陰陽師《おんみようじ》の鬼一法眼《きいちほうげん》のところにおもむき、娘の手引きで兵法の奥書『六韜《りくとう》』の伝授を授かるというものだ。「御曹子島渡」の同種性がうかがえよう。

『義経記』の鬼一法眼が住した一条戻橋《もどりばし》は冥界の入り口ともいうべき場で、安倍晴明《あべのせいめい》が居をかまえたところとしても知られる。橋という境界性（異界性）は、「御曹子島渡」での蝦夷ガ千島に相当する象徴性を有するものとして興味深い。ただし、同じく中世後期の作品ながら、北方世界を射程に組み込むあたりは、「御曹子」の場面のほうが荒唐性にあふれ、かつ時代的にも近世的版図の広がりをもつものと理解されよう。

鬼のイメージと無縁性

義経が北方蝦夷との関係だとすれば、鎮西八郎為朝《ちんぜいはちろうためとも》の場合は南方世界とのかかわりが濃厚である。これまた鬼退治である。義経同様、史実としての為朝は了解の内として、鬼ヶ島におもむいたその様子のみを紹介しておこう。材料は『古活字本・保元物語《ほうげんものがたり》』(「為朝、鬼ヶ島に渡る事」)だ。中世末、近世初期の成立とされるもので、お伽草子の延長に位置する。

大島《おおしま》配流後十年をへて、為朝は当地で白鷺・青鷺が沖に飛び去るのを見て、はるか彼方の鬼ヶ島へと船出するが、やがて島に到着した為朝が見た鬼たちの姿は、「たけ一丈あまりある大童《おおわらわ》の、かみはそらざまにとりあげたるが……刀を右にさしておほく出たり」だった。彼らは鬼の子孫で、かつて保持した「隠れ蓑《みの》」「隠れ笠《がさ》」「打出の小槌」は、その威力が失われ零落するにいたったという。その後、為朝は得意の弓矢で彼らを威服させ、大島へと連れ帰るとの話になっている。為朝の大島配流は『尊卑分脈《そんぴぶんみゃく》』『保元物語』など、古活字本に先行する中世諸史料にも登場しており、右に見るようなおとぎ話的飛躍の土台は、島・配流・鬼といった連想のなかにもちろん存在した。

「一寸法師」の鬼退治よろしく、ここでも「打出の小槌」という万能の宝器が登場する。ただし、為朝説話では鬼ガ島統治の権威の象徴というべきそのレガリアは、その効能を失った状態にあり、このために外部（為朝的武力）からの侵攻（征伐）を許す状況だったことが語られている。さらに「打出の小槌」と同じレガリアの類＝「隠れ蓑」「隠れ笠」という身体を隠す魔法の宝器さえ効力を失ってしまったという。

ちなみに「隠れ蓑」や「隠れ笠」とは、広く〝かぶりもの〟に属し、近年の中世史学が積極的に開拓してきた絵画論の成果とも関係する（たとえば、黒田日出男『境界の中世　象徴の中世』東京大学出版会、一九八六年）。つまりは〝かぶりもの〟の作用は一種の変身・変装の心的作用があり、脱日常的機能なり異界創出機能なりの表明とされる。異界との往来が自在に可能となる演出装置だった。

もう一つ、為朝の鬼退治で興味をそそられるのは、鬼たちの容姿である。髪が「そらざま」（逆髪）で刀を右に差しているとの描写だ。本来、男子たるものは烏帽子《えぼし》を着し、刀は左に差すことが日常的儀礼なわけで、これは異界・異域における反転現象というべきものだった。日常世界と異なる描写の常套句でもある。日常儀礼と対峙される彼らの容姿は、まさに鬼という異類にふさわしい描かれ方といえる。

「そらざまの髪」（逆髪）の描写で想起されるのは、謡曲『蟬丸《せみまる》』だろう。盲目の琵琶名人蟬丸の姉として、生まれながら髪が逆だつ病に冒された彼女は、弟と同じく貴種（嵯峨天皇の皇女）ながら、捨てられる運命にあう。

蟬丸は「百人一首」にもその名をとどめる歌人であり、伝説にくるまれた人物として知られる。『今昔物語集』などにも逸話があり、それだけに後世、豊かな伝説が広がった。謡曲の『逆髪《さかがみ》』伝説もその一つで、もちろん史実ではない。が、頭髪のイメージは、常人的姿からは一線を画するものとして語られている。

ちなみに「逆髪」の名は逢坂山《おうさかやま》の境界性を宿す「坂」を連想させるもので、「逆髪」（坂髪）との発想によったと推測させる。鬼ガ島における鬼がいずれも「大童」であることはこれと同根といえよう。

これは『平家物語』の世界で、俊寛《しゆんかん》たちが鬼界ガ島（貴界島）へと配流となったおりに描写されている島の住人たちの姿と重なる。「色黒うして牛の如し、身には頻《しき》りに毛おひつ、……男は烏帽子もせず、女は髪もさげざりけり」（巻二「大納言死去」）と見えている場面である。

これもまた、異界世界での異類描写にほかならない。浄―穢の構造に対応する日常―非日常的場面の表現は、このように語られていた。

「征伐」の記憶

鬼退治にまつわるおとぎ話のいくつかを見てきた。鬼ガ島征伐の深い中身を中世的場面で汲み上げながら、以下の二つのことを本論への導入としたい。

一つは「征伐」する主体。二つは「征伐」される対象、である。後者から整理すれば、中世説話に属したお伽草子の征伐譚は、多くが異類・異形の存在（鬼）が対象だった。彼らは一方で、時（夜、闇、夕暮＝たそがれ時）、場（島、峠、坂、浜、山）の無縁世界との接点を有し、俗界的有縁世界の統治権力と異なる領域に属していた。「征伐」の対象とされたその存在は、アジール的世界に身をおくものとして認識されていた。つまりは領主的俗権に属さず、神仏的観念からも距離を保つ存在と解される。

この未知にして不可知の存在を包摂し、国家的・権力的版図へと組み込むためのストーリーが、お伽草子的世界での鬼征伐であった。未知なる世界は領域レベルでは辺境（フロンティア）の解消として表現される。蝦夷戦争をはじめ古代国家は、権力としてこのフロンティアを征することで領域版図の拡大を達成した。

だが、農耕主義に立脚した版図拡大のなかで、均一化されない不可侵性を帯びた俗界の権力から隔絶された地域と人々もいた。中世という時代は、古代律令国家の均一的・画一的統合の論理で包摂されなかった場と時と人それぞれに、領主的権力が浸透した段階だった。その点から無縁性のゆえに権力の網から排されたものが、本格的に編入統合化された時代と解し得る。

網野善彦氏は、アジール論を前提に、人類史的転換についても議論を提起されており、そこではアジール的自由民ともいうべき非農業民が差別されてゆくプロセスも指摘されている。この方面からも、お伽草子の世界はさまざまな解釈を提供してくれる。

フロンティア論でいえば、アジール的世界の解消・消滅という、いわば第二次フロンティアの征服である。お伽草子の鬼退治はそのことが示唆されているとも解されよう。その実現はもちろん容易に進展せず、中世から近世への移行の長期の過程を必要とした。問題はこれを実現するにあたり、いかなる存在が大きな役割を果たしたのかを問うことである。予想されるように、筆者はこれを兵あるいは武士といった武的領有者に求めることで、議論の糸口を提供したいと考える。

そこであらためて「征伐」の主体という、いま一つの問題が浮上する。「一寸法師」は「針の刀」という武器で未知なる世界の鬼のレガリアを入手し、征伐の正当性を伝統的貴族の社会に認知させた。そこでその成員（堀河少将）へと自らを転身させた。そのストーリー性のなかに、武士が「武家」という一個の権門へと転換してゆく、中世的秩序が凝縮されていると判断される。

「征伐」の記憶には、勝者の論理が見え隠れすることはいうまでもない。武力を行使するなかで、「征伐」する側のその正当性を示すことも必要だった。お伽草子的世界に点滅する「征伐」の記憶の多くは、王朝の時代を背景とした。王朝の時代はその意味で、来《きた》るべき武家時代の助走ともなったことになる。王朝の胎内に宿された武の種子が発芽してゆく過程を見極めること、これも武士の原像を知るうえで欠かせない作業であろう。

以下、本論の各章にあっては、王朝時代の兵・武者たちの諸相にふれながら、初期中世のさまざまな話題を提供しよう。

「王朝」という時代

前章であつかったお伽草子の場面を、ここでは具体的に平安後期の王朝時代に関する説話に限定して考えてゆく。十世紀以降の平安後期の内と外を概観しながら、律令的古代国家と異なる王朝時代の意味したものを整理する。

建前主義からの脱却によって登場する王朝の時代は、基層の文化と外来の文明が融合することで、新しい国家的システムを機能させてゆく。来るべき、兵（つわもの）なり武士なりの存在は、この王朝国家の内部でどのように育まれていったのか。その流れを説話から読み解いてゆく。

お手本なき時代

武士を誕生させた中世の特色とは何か。一言でくくれば、先例のないお手本なき時代だった。わが国の古代は中国をモデルに国づくりがなされた。近代の明治以降は、欧米諸国がお手本だった。その点では中世の主役となる武士は、古代や近代と異なるお手本なき時代の産物ともいえる。

その武士が為政者たることへの自覚を深め、〝武家〟として政治権力を担うにいたる道筋は、単純なものではなかった。平安時代の中期以降に誕生する王朝の時代は、来るべき武士の時代を準備した段階だった。

こうしたお手本なき時代を象徴したのが、平将門《たいらのまさかど》だった。将門の乱について述べるつもりはないが、乱の顚末を記した『将門記《しょうもんき》』に、「兵威ヲ振ヒテ天下ヲ取ル」と見えていることは興味深い。武力への自覚が表明されているからだ。「将門、天ノ与ヘタルトコロハ、スデニ武芸ニアリ」と、「兵《つわもの》」として自らを語る自信が示されていた。そこでは大陸で契丹《きったん》（遼《りょう》）を建国した耶律阿保機《やりつあぼき》（八七二～九二六年）の武力による王朝創設の事例も語られていた。もちろん、それは『将門記』作者の創作だとしても、将門的人物が輩出する背景として、武力への覚醒が大陸の動向から導き出されていることは興味深い。

そうした武力への確信は、かつてお手本とした異朝（中国）をも相対化する意識を醸成させているからだ。その限りでは、兵たる将門の意識は、十世紀というお手本なき時代の産物だった（この点は巻末の「補説」を併せ参照されたい）。

将門のような兵の登場は、中世の到来を予兆させるものだった。将門が語る「兵威」の語威には、「武芸」をもって自らを主張する意志が表明されていた。と同時に、将門が「兵威ヲ振ヒテ天下ヲ取ル」ことを異とするに足らない状況が広がっていたことも重要だった。「兵威」の正当性を主張するその意識は新しい時代の到来を予想させるものがあった。十世紀はたしかに「転換の世紀」といえる。

この時期は、日本をふくめた東アジア世界もまた激しく揺れ動く時代をむかえていた。

東アジアの情勢と日本国――律令国家から王朝国家へ

『将門記』が語るように、渤海国《ぼっかいこく》にかわる東丹（契丹）の出現は、中国（唐《とう》）を軸とした大陸における政治権力上の磁場が消えたことと無関係ではなかった。

隋・唐とつづく中国の王朝は、文明の光源体としてわが国に多大な影響を与えた。しかし安史《あんし》の乱（七五五〜七六三年）をかわきりに、黄巣《こうそう》の乱（八七五〜八八四年）で国力の疲弊を招き、十世紀初頭に大唐帝国は滅亡する。この間、宋《そう》の王朝が建国されるまでの半世紀は、五代十国の時代（九〇七〜九六〇年）とよばれ、統一的国家の誕生までにさらなる時間が必要とされた。

東アジアの雄として君臨した中国の変動は、朝鮮半島にも波及した。三国時代をへて新羅《しらぎ》による統一王朝の出現は七世紀後半のことだったが、十世紀にはその新羅にかわり高麗《こうらい》が建国（九一八年）される。この段階は、唐をはじめとする渤海・新羅などの旧勢力にかわり、宋、契丹、高麗などの新しい王朝が東アジア世界に誕生した。

当然ながら海を介して向かい合うわが国も、この中国を中心とした大陸の影響を受けることとなる。律令国家にかわる王朝国家の登場は、これを雄弁に語るものだった。

ザックリとした表現でいえば、律令的原理に支えられたわが国の古代は、中国を範とした均一的・斉一的な性格を有していた。中央集権的な支配を前提として、儒教的な理想主義を標榜していた。朝鮮半島や日本もこの点では、中国風味の世界観に同居したかたちでの国づくりがなされたといえる。

しかし、すでにふれたように、大唐帝国の解体とその余波は、朝鮮にも日本にも大きな政治的変動を招くことになった。つまりは文明の象徴としての中国（唐）から解放されることで、周辺地域では、独自の政治権力が出現することになった。契丹・高麗、あるいは南方の大理国《だいりこく》、さらにはわが国の王朝国家などの成立は、そうした時代状況と対応していた。

その限りでは、大唐帝国の文明主義で通分されてきた周辺諸民族は、それぞれの地域的実情に応じて独自の政治権力を創出させる時代がおとずれたともいえる。古代律令国家にかわる王朝国家は、その意味では古代と中世を画する大きな節目に成立したわけで、中世の第一段階に位置したことになる。

十世紀に誕生した王朝国家とは、お手本なき時代に生み出された新しい形態の国家といえる。その最大の特色は、建前主義なり理想主義を原理とした律令国家に対し、現状を追認する現実主義に立脚していたことである。委任あるいは請負ともいうべき原理を前面に出すことで、運営されていた国家だった。

将門の「兵《つわもの》」たることの自己主張も、律令軍団制の解体のなかで、「武勇《ぶゆう》ノ輩《ともがら》」への期待が、武力への請負を実現させた結果だった。

古代は律令制度をはじめ、あらゆる面で中国がお手本だった。遣隋使・遣唐使は、文物・制度の導入に大きな役割を果たした。しかしこれも九世紀までで、十世紀以降は事情が大きく変わる。国風文化と一般によびならわされている平安時代後半の文化の流れも、大陸との交流が閉ざされたなかで登場する。真名《まな》（漢字）を変形させたわが国の独自の仮名（片仮名・平仮名）の発達は、女房文学の隆盛につながることになる。

文学だけではなく、宗教の分野にあっても同じだった。仏教という文明的要素をともなった教えが、かつては鎮護国家の支柱だった。十世紀以降の仏教は、伝統的基層文化ともいうべき神道と習合する情況が顕著となる（義江彰夫『神仏習合』岩波新書、一九九六年）。神仏習合という事態はこれまた国風文化の一つの特色ということができる。漢字や仏教という大陸経由の普遍的価値をもったものが、十世紀以降日本的風土のなかで独自な姿をもって登場することになる。

唐風から国風へ

従来の模倣から抜け出ることで、東アジア世界のなかで日本も自己主張する段階にいたった。たとえば歴史の編纂に目を転ずれば、『日本書紀』以来の「六国史」とよばれた漢文体の史書は、村上天皇の十世紀半ばをもって終焉をむかえた。史書の編纂はまさに中国の伝統的な大事業であり、古代のわが国もこれを模倣した。

同様に「皇朝十二銭」とよばれた中国をお手本とした銭の発行も、中止となる。実質をともなわない銭貨の流通に、国家の威信をかけることの意味がなくなったためである。

こうしたお手本なき時代のなかで、天皇号の変化は象徴的だった。たとえば村上天皇の「村上」は京都の地名だった。つまりは国風文化の時代に対応するように、天皇号も中国風の漢風諡号《しごう》（死後に贈られるおくり名）から国風に変化する。天武や聖武、桓武などの嘉字《かじ》（縁起の良い美風の字）を用いていた天皇号は、九世紀末の宇多天皇（村上天皇の祖父）以降、多くが京都周辺の地名を冠するようになった。よく知られている院政期の白河天皇とか鳥羽天皇は、こうした和風の追号ということになる。

このようにお手本なき時代は、社会のあらゆる分野に影響を与えることになった。古代はあきらかに大陸（中国・朝鮮）との密なる交流のなかで成立したのに対し、中世は粗《そ》なる関係のなかで誕生したといえる。国家レベルの交易はその後、室町期の十五世紀初頭の足利義満による日明《みん》・日朝貿易までない。

ただし、誤解なきように付言すれば、民間レベルでの人的・物的および情報の交流は、十世紀以降も続けられた。中世が大陸との関係が粗であるとの表現は、あくまで八〜九世紀での交流に比しての相対的意味においてということだ。したがって平安後期に出現する王朝国家の時代は、中世的世界を醸《かも》し出す段階に該当したわけで、この時期の国家のイメージについて、さらに具体的に知ることも無駄ではあるまい。

以下、いくつかの説話から、この王朝という時代の諸相について概観しておこう。

王朝国家について

王朝の時代を考える前提として、ここでは大づかみに中世という時代についてながめることからはじめよう。教科書風にいえば、武家政治が創始される平氏政権、あるいは鎌倉幕府の段階が中世成立の指標とされる。以後、鎌倉・室町にいたる十二世紀から十六世紀が中世とよばれる時代ということになる。この考え方には異論もあるが、おおむね今日の通説ではこのように理解されている。

こうした伝統的時代区分を前提としながら、中世的要素が登場しはじめる平安後期を広く中世に入れる考え方も有力だ。この考え方によれば、摂関政治から院政という政治形態が見られる平安後期は、古代から中世への過渡期であり、中世への傾斜を深めた王朝国家の段階として考えられている。

中世社会の骨組みとなる荘園制（職《しき》の体系）の形成もこの時代であり、武士の前身たる兵（つわもの）が登場するのもこの時代だった。中世という時代を担う諸要素の多くは、すでにこの十世紀以降に顔をのぞかせている。むずかしい話をぬきにすれば、王朝国家とは中世国家の準備段階の呼称とでも解すればよい。

律令体制に象徴される古代という気圧配置が、しだいに中世的高気圧におおわれてゆく時代、これが王朝国家の時代である。四捨五入論でいえば、〝四〟よりは〝五〟に算入されるべき中世的特質を有した段階、これが平安後期の王朝国家ということもできる。

それではこの王朝国家を具体的にイメージするために、どんな材料を準備できるのか。まずは『古《こ》今著聞集《こんちよもんじゆう》』（巻第三「政道忠臣」）におさめる次の話を糸口としよう。

匡房《まさふさ》の中納言は、大宰権帥《だざいごんのそち》になりて任におもむかれたりけるに、道理《どうり》にてとりたる物をば舟一艘《そう》に積み、非道《ひどう》にて取りたる物をばまた一艘に積みてのぼられけるに、道理の舟は入海してけり。非道の舟はたひらかに着きてければ、江帥《ごうそつ》いはれけるは、「世ははやくすゑになりにたり。人いたく正直なるまじきなり」とぞ侍《はべ》りける。それをさとらんがために、かく積みてのぼせられけるにや。昔なか比《ごろ》だにかやうに侍りけり。末代よくよく用心あるべきことなり。

右の説話の大意は、次のとおりとなろう。

大宰権帥大江《おおえ》匡房が、九州からの帰路、在任中の品々を「道理にてとりたる物」（正当な手段で入手した物）と「非道にて取りたる物」（道理にはずれた手段で入手した物）の二艘に分載して帰京したが、途中で「道理の舟」は海没し、「非道の舟」のほうは無事到着、匡房をして世も末と慨嘆させたという。

鎌倉時代の建長《けんちょう》六年（一二五四）、橘《たちばなの》成季《なりすえ》の撰と伝えられる本説話集には、右にあげた平安期に材を取る説話も多く、短文ながら時代相を看取するうえで興味深い内容が語られている。右説話の主人公大江匡房は、後三条・白河・堀河の三天皇に仕えた著名な学者で、歌人としても有名な人物である。彼が大宰権帥に任ぜられたのは、承徳《しょうとく》元年（一〇九七）三月。翌年九月に下向《げこう》している。したがってこの話はその時期のものということになりそうだが、要は匡房伝説にもとづく後代の逸話であろう。

史実か否かはあくまで副次的問題であり、重要なことは「昔なか比だにかやうに侍りけり、末代よくよく用心あるべきことなり」と語る作者の意識である。「昔なか比」が他の類例から推して平安初期（「昔」）、後期（「なか比」）を指すことはあきらかで、「末代」たる「今」（平安末〜鎌倉）を尺度とした表現ということになる。その意味では鎌倉時代には平安後期の時代像を匡房説話として登場させたわけで、これを材料として、どのようなイメージを王朝国家にもち得るのかがあらためて問われることになろう。

「道理」と「非道」

そこでもう一度、説話を読みなおしてみよう。この話のキーワードが「道理の舟」と「非道の舟」

にあることは容易に推測される。前者が海没し、後者が入港するとの文脈から想像できるものが、本説話を読み解くうえでのポイントとなる。

「道理の舟」が何を象徴化したものであるか。そこには正式ルートによる職務上の報酬が含意されているはずだろう。律令原理の建前主義とでもよび得るものを「道理の舟」になぞらえたといえそうだ。

他方「非道」は「道理」との対比から公的律令の枠組みから除外されたかたちで存在するものを意味したと解釈できそうだ。つまりは、非律令的原理を象徴化したもの、これが「非道の舟」の中身ということだろう。別の表現を用いるならば、「非道」とは、「道理」の公的世界と区別されるべき私的世界を意味したものと解することができる。

中世的社会の原理とは、まさしくこの「非道の舟」に象徴化されている。「非道」が「非道」として通用した時代、それが平安末期という説話の舞台だった。実益・実力主義が時代の価値として人々に認識されはじめたことが、この説話の主題なのだろう。

大江匡房という一人の貴族の目に映じた地方政治の実情とは、私的な裏の世界（「非道」）をあるがままに受け入れなければ立ち行かない現実があった。「世ははやくすゑになりにたり。人いたく正直なるまじきなり」との匡房の述懐は、この時代の局面を汲み上げた説話作者のほかならぬ歴史意識だったにちがいない。

「方《まさ》に今時代澆季《ぎようき》にして、公事済《くじす》ましがたし、故《ゆえ》に国宰《こくさい》の治、事々くに正法に拘牽《こうけん》せらるること能《あた》はず」（世も末で官物《かんもつ》を徴することもできない。このため国司《こくし》は律令の正法に準拠したのでは政治がとどこおってしまう）とは、かつて三善清行《みよしきよゆき》が十世紀初頭の延喜年間に醍醐《だいご》天皇に提出した「意見封事」の一節である。律令的「正法」という原理の崩壊はすでにこの時期にはじまっていたわけで、「威権すでに廃《すた》れて、政令行はれず」の病根はたしかに深かった。

いずれにしても、ここでは前述の匡房説話から「非道の舟」に象徴されている中身が、理想主義・建前主義の放棄であった点を確かめられればよい。大づかみながら、王朝国家のイメージがある程度理解できたかと思う。端的にいえば、理想に対して現実が、建前に対して結果が、相対的に重きをもってきた時代ということになろうか。公に対する私の比重の増大。これが「道理」から「非道」への転換だった。このあたりのことを、別の説話でさらに深めておこう。

「人は屏風のやうなる」

同じく『古今著聞集』からの話に、その大江匡房を登用した後三条天皇のことも見えている。

同じ院、「律令式格にたがはず」と宣命《せんみよう》に書かせさせ給はせけるを、資仲卿《すけなかきよう》、「これより後をこそ申させ給はめ。前にすでにたがひたる事どもをばいかでかかくは申させ給ふぞ」と、制しまゐらせけるに、程《ほど》なくうせさせおはしましにければ、「その宣命のゆゑにや」とぞ人申しける。「為《ため》輔《すけ》中納言口伝《くでん》」に書かれて侍《はべ》るなるは、「人は屏風のやうなるべきなり。屏風はうるはしう引き延べつればたふるるなり。ひだをとりて立つれば、たふるる事なし。人のあまりにうるはしくなりぬれば、えたもたず。屏風のやうにひだある様《さま》なれど、実がうるはしきがたもつなり」と侍るとかや。（巻三「政道忠臣」）

大意は次のようになろうか。

〈後三条院は自分が律令格式（律は刑法、令は法令全般、格は儀礼や規則、式は令にない臨時の勅令や官符）に違反しないと宣命（漢字の音訓を用い表記した勅命の文書）に書かせたが、資仲が今後のことならまだしも、すでに律令格式に違うことを行いながら、どうしてそのようになさるのかと制止したが、やがて院は亡くなったので、世間では、その宣命に事実に反することを書かせたためだろうか、とうわさした。藤原為輔の口伝によれば、人は屏風のようにすべきだとある。屏風は引き延ばせば倒れる。折り目を折り寄せて立てると倒れない。人もきちんとしすぎると世間を渡ってはゆけない。屏風のようにひだを保ちつつ、実直な心が世を保つうえで必要だと。〉

さて、右の説話については、以前にも若干ふれたところである。厳正な政治をめざす後三条院についての前段部分と、藤原為輔の口伝を引用しての柔軟思考が語られている後段部分とからなる。よく知られているように、後三条院は延久の荘園整理令をはじめ律令政治への回帰をめざした天皇だった。

律令格式へのこだわりも、説話ながらこの天皇にはありそうなことだろう。と同時に、見逃すことができないのは、高邁《こうまい》な後三条院の理想主義が結局は敗北している点である。

律令格式的原理を「宣命」に象徴化させ、朝威の化身たる後三条院が親政を断行することで、国家の威信を回復させる。前段に指摘されている内容を嚙みくだけばこんなところだろうか。当然ながら作者の力点は後段にある。

ここに見える藤原為輔は『尊卑分脈《そんぴぶんみゃく》』という系図史料によると、参議《さんぎ》・左右大弁《だいべん》・勘解由《かげゆ》長官・治部卿《じぶきょう》を歴任し、寛和《かんな》二年（九八六）に没したことになっている。後三条院より以前の人物だが、「屛風のやうにひだある様」こそが時世を生きぬく智恵だと説く為輔の主張は、説話作者の共有する意識でもあったろう。

「ひだ」を延ばす行為とは、たんに人間の行為への比喩としてではなく、前段との対比から考えれば、律令的威信への回帰をも含意していたと解してよい。「ひだ」は「ひだ」として存在しているがゆえに「屛風」も安定するとの発想。ここに現実を容認する中世的価値を看取できる。「ひだ」を律令的ローラーで直すことに努力を傾注した後三条院、そしてこれと対極に位置する為輔と、前段・後段の比較から本説話の骨格を示せば右のような理解が許されよう。

とすれば、前に述べた匡房説話との関連から、そこにある共通項が見出されることも容易に想像されよう。「道理の舟」が象徴したもの、これが律令的原理であったことからすれば、後三条院の意識は、それとの同居のうちにあった。また「非道の舟」が王朝国家的原理であったことより、為輔の「屏風のひだ」は「非道の舟」に対応したと考えられる。二つの説話からのメッセージをこうした古代と中世の相剋《そうこく》ともいうべき回路で解釈すれば、王朝国家に付与されるべきイメージもより豊かになるはずである。

『古今著聞集』に語られている二つの説話を通じて、平安後期以降に誕生する王朝の時代のイメージを考えてきた。「道理の舟」の説話があざやかに示しているように、目的優先主義の時代の到来だった。手段（手続き）が前面に出た時代から、手段を問わない時代が訪れていた。

この流れは、目的先行のための請負的原理を世に流布《るふ》させることにもなった。中世の始発に位置する王朝国家の時代は、請負制のシステムが浸透してゆく段階といえる。このことをわれわれは有名な藤原道長に関する説話から考えてみよう。

「毒瓜」説話と藤原道長

以下で紹介するのは、これまた『古今著聞集』に収録されているもので、藤原道長が活躍した王朝国家の特色の一端を伝えてくれる内容といえる。

御堂関白《みどうかんぱく》殿御物忌《おんものいみ》に、解脱寺《げだつじ》僧正観修《かんしゅ》、陰陽師晴明《おんみようじせいめい》、医師忠明《ただあき》、武士義家朝臣《よしいえあそん》、参籠《さんろう》して侍《はべ》

りけるに、五月一日、南都《なんと》より早瓜《はやうり》をたてまつりたりけるに、「御物忌の中に取入れられん事いかゞあるべき」とて、晴明にうらなはせられければ、晴明うらなはれ侍る一の瓜の毒気《どくけ》候《そうろう》由《よし》を申《もうし》て、一をとり出したり。「加持《かじ》せられれば、毒気あらはれ侍べし」と申しければ、僧正に仰《おおせ》て加持せらるゝに、しばし念誦《ねんじゅ》の間に、そのうりはたらきうごきけり。其時忠明に毒気治すべき由仰られければ、瓜をとりまわしくゝみて、二ところに針をたててけり。其後うりはたらかず成《なり》にけり。義家に仰て、瓜をわらせられければ、腰刀をぬきてわりたれば、中に小蛇《こへみ》わだかまりてありけり。針は蛇の左右の眼《まなこ》に立たりけり。義家なにとなく中をわると見えつれど、蛇の頸《くび》を切りたりけり。名をえたる人々の振舞《ふるまい》かくのごとし。ゆかしかりける事なり。此事、いづれの日記に見えたりと云《いう》事をしらねども、あまねく申《もうし》伝へて侍り。（巻七「術道」）

〈御堂関白道長が物忌のおり、僧侶観修、陰陽師安倍《あべの》晴明、医師丹波《たんば》忠明、武士源義家らがともに参籠することがあった。五月一日南都（奈良）より道長のところに早瓜が献上されてきたが、「物忌の最中でもあり、瓜を受け取ることはどうだろうか」と晴明にこのことを占わせたところ、晴明が指摘するには、一つの瓜には毒気があると告げ、それを取り出した。そこで晴明は「加持をすれば、毒気が判明するはずだ」として、僧正の観修に加持させた。観修がしばらく念誦すると、毒瓜はゆらゆら動くようになった。さらに今度は医師の忠明に毒気を消すように伝えると、瓜をながめまわし、二つの場所に針を立てたところ、瓜の動きは止まった。最後は義家に仰せて、この毒瓜を腰刀で割らせたところ、中から小蛇が出てきた。蛇は左右の眼に針が立てられていた。義家はどうということもなく瓜を割ったようだが、蛇の頸は切れていた。世に名をはせた人々の振る舞いはこのように立派なもので、このことは日記や書物に記されているわけではないが、世に広く伝えられている話である。〉

要するに道長の物忌に参じたその道の専門家が、献上されてきた早瓜に〝毒気〟を見抜き、それぞれの術道を尽くし、道長にふりかかるであろう災いを回避させたという内容である。物忌とは物怪《もののけ》に悩まされる者や神仏の諸行事にかかわる者が、ある場所に籠《こも》り一定の期間禁欲的生活をすることで自らを清浄化する行為とでも説明できる。

道長については、あえて記す必要もあるまい。観修はその道長が帰依《きえ》した修験僧《しゅげんそう》として有名な人物。解脱寺は東三条院詮子《とうさんじょういんせんし》（道長の姉）の創建したものだが、観修はこの寺の再興に尽力したことでも知られている。そして安倍晴明。彼も陰陽道では著名な人物で、『今昔物語』をはじめ種々の説話によく登場する。天文博士《てんもんはかせ》で式神《しきがみ》（式占を司る鬼神）を自由にあやつることでも知られる。丹波忠明も当代の名医とされた人物で、典薬頭《てんやくのかみ》だった。祖父の康頼《やすより》は『医心方《いしんほう》』の著者として有名。源義家もいわずと知れた武将で八幡太郎《はちまんたろう》と称し、前九年《ぜんくねん》・後三年《ごさんねん》合戦での活躍はこれまた説明するまでもなかろう。

話の筋はそう難しくはないはずだが、ここからわれわれは何を読み解くことができるかである。まず御堂関白＝道長を取り巻く四人の人物が注目される。彼らの行為は「毒瓜」をその道のプロの立場で処理している点だろう。安倍晴明の占いは陰陽師として、観修の加持は修験僧として、丹波忠明の針は医師として、そして源義家の刀は武士として、という具合である。

この説話作者の思惑は「名をえたる人々の振舞かくのごとし」との評語に示されているように、名家達人の至妙の芸を語るところにあった。

ここで説話の史実性を云々しても意味がない。史実のうえでは、ここに述べられている義家は生存年代から道長時代の人物ではない。むしろ頼光《よりみつ》あたりが妥当なところかもしれないが、こうした詮索は問題の外としよう。肝心なことは「あまねく申伝へて侍り」と記す説話作者の意識であろうし、道長時代を象徴するものとして伝えられたこの説話から、どんな中身を受信するかは、これを読むわれわれの側の問題だろう。

前置きはこのくらいにして、右説話の構造からいえば、四者の術道は各職能というレベルでそれぞれが相互に補完し合うかたちで、瓜の〝解毒〟作用を果たしていることだろう。少し小難しくいえば、四者は「占い」→「加持」→「針」→「刀」という手段でパラレルな関係でありつつ、〝解毒〟という方向において同心円的処理（消極的から積極的手段への移行、精神的・呪術的場面から物理的・武力的場面への移行）がなされている。

具体的に見れば、陰陽道（晴明）は「瓜」の毒の有無を占うことに主眼が置かれているし、次に修験道（観修）の場合は「瓜」の毒を浮上させ、それを封ずるための加持・念誦であり、医道（忠明）

については針による局部的療法ということになり、最後の武道（義家）の場合は腰刀という武力による抜本的方策（瓜の切断）という流れとなっている。

王朝国家の請負制

さて、ここから読み解くことができるものは何であろうか。説話の変換（バージョン）という視点で、右の「毒瓜」説話を読み換えてみよう。説話コードは中世初期（王朝国家）の骨組みである。そしてキーワードは「毒瓜」としておこう。

いったい、この説話で「毒瓜」が象徴するものは何であるか。これを国家レベルの問題に置き換えるならば、天変地異をふくめた敵対物の総体と解することも可能なはずだろう。とすれば道長の存在とは国家権力の中枢を理念化したものとの判断も許されるわけで、摂関政治を主導した道長は、王朝国家の象徴的存在として語られていると理解される。

「毒瓜」→反国家・社会的敵対物、「道長」→王朝国家の象徴、との解釈を前提とすれば、「占い」「加持」「針」「刀」という諸手段を通じての「毒瓜」処理のあり方は、この時期における国家・社会がこれに敵する外的エネルギーとも表現されるべき敵対物（たとえば「物怪《もののけ》」などもふくめて）に、どのようなかたちで対応したのかを示唆していよう。

陰陽師・修験者・医師・武者に代表される諸能の持ち主たちは、各家々の伝える職能を駆使することで、敵対的異物（毒瓜）の排除に努めた話と読み換えることもできる。その意味では同説話が語る内容は、王朝国家期における請負的原理を示すものと解し得る。このような各職能分担主義にもとづく国家機能の分掌のあり方は、かつての集権的色彩が濃厚な古代律令国家とは一線を画するものと判断される。

つまり道長の物忌（＝国家的禁忌《きんき》）に参じた四者が、各職能を請負うかたちでこれに取り組み、難局を打開するというストーリーのなかで、この説話を再構成できるのではないか。

ところで、右に指摘した請負的原理についていえば、これは中世、とりわけ王朝国家期に登場したシステムであった。平安後期以降、中世社会への移行が進むなかで、さまざまな場面でこの請負化が進展する。政治分野での摂関体制も広い意味では権門貴族＝藤原氏による政務の請負化の現象であろう。

中央政治から地方政治に目を転ずれば、受領支配に代表される国務の委任（＝国司の徴税吏化）の状況、あるいは在庁官人層による留守所《るすどころ》体制の充実などは、いずれも中央・地方を問わず、政務の請負化と解することができる。

これらのことは、かつての儒教的理念を前提とする律令体制下では表面化していない状況であり、天皇・太政官《だいじょうかん》に一元化された権力の集中化が解体しつつあったことを示す。

「請負」とは、端的に表現すれば結果万能主義にほかならない。別の言い方では、委任という方式が定着したと見ることもできる。平安後期における委任思想の登場が、目代《もくだい》をはじめとする代官制度の発達をうながし、その後の封建制への要因となったとの指摘も加味すれば（牧健二『日本封建制度成立史』弘文堂書房、一九三九年）、請負＝委任体制成立という考え方にも通ずる。

これは社会・経済分野でも共通していた。荘園制の進展とこれに対応する田堵《たと》・名主《みょうしゅ》層の登場は、やはり請負体制を象徴するものであろう。班田《はんでん》制と公地公民制を柱とする律令的土地制度は、十世紀以降大きく変化し、荘園や公領の成長をうながし、それぞれに「名《みょう》」という仕組みができていた。田堵とか名主とかの有力農民は、田畠の耕作や税（官物・年貢）を納める責任を負っており、その限りでは名を単位とする請負体制が実現されつつあったことになる。

中世への成熟は、一方で田堵・名主層を在地領主へと転身させた。とりわけ十一世紀の王朝国家は、この在地領主の存在を体制として容認することで成り立っていた（坂本賞三『日本王朝国家体制論』東京大学出版会、一九七二年）。それゆえに単純な経済法則からすれば、領主制とは年貢や官物《かんもつ》の請負化を前提としており、公的賦課《ふか》物（これが請負い対象部分）以外の余剰物を私的取り分として自由に収取できる状況がなければ成立しない。

この時期に一般化する「職《しき》」という言葉も、こうした請負制に対応するなかで登場したといってよい。「職」とは、それぞれの在地領主が在地世界でどの職責を体現したのかという点と無関係ではない。その意味で「請負」という委任・契約関係（「職」により実現）は、中世社会の原点を考えるうえで重要な条件となる。

大伴家持はどうして「ヤカモチ」なのか

「毒瓜」説話に登場した人物の一人に、源義家がいた。知ってのとおり彼の名、義家は「よしいえ」と訓《よ》む。だが、『万葉集』の編者として有名な大伴家持《おおとものやかもち》については、彼を「いえもち」とは訓まず、「やかもち」と訓んでいる。なぜだろうか。

「ヤカ」と「イエ」の訓読の違いはどこからくるのか。この両人の生きた時代から、家持が古代に、義家が中世と大まかに区分けできるはずだ。とすれば、「ヤカ」から「イエ」への訓み方の変化のなかに、古代と中世の分水嶺を予測できるかもしれない。

これを考えるにあたり、次のことを確認したい。「家」とは何か、という素朴な疑問である。試みに手元の漢和辞典を引いていただくとわかるが、「家」という漢字は「宀」と「豕」との合字（会意文字）である。「宀」が〝かまど〟（竈）をさし、「豕」が〝ぶた〟（豚）を示し、竈をもち多くの家畜（動産）を有している財産の象徴、これが「家」という文字に込められた意味であった。そのかぎりでは「家」は貴族のレベルで成立するもので、一般庶民の場合はむしろ「戸《へ》」がこれに相当する。

ここで「公《おおやけ》」ということを考えたい。「オオヤケ」とはすなわち〝大きなヤケ（家・宅）〟であり、本来の原義からすれば、「ヤケ」＝「ヤカ」（家）の大きなもの、すなわち「家」（貴族）の連合体の意ということになる。「大宅」や天皇・皇室の土地たる「屯倉《みやけ》」＝「御宅《みやけ》」の語も、すべてこれと無関係ではない。

律令的官制体系でいえば、五位以上の位階を有するものは「通貴《つうき》」（貴族に準ずる）、三位《さんみ》以上を「貴」と称した。厳密な意味での貴族とは三位以上の者ということになるが、彼らは「政所《まんどころ》」という家政機関をもつことが許されていた。それはたんに私的な機関というよりも、貴族の「家」が「大家」（オオヤケ）＝「公」（朝廷）を構成するものに由来する公的家政機関としての性格によっていた。

奈良から平安初期に活躍した家持は、中納言・従三位《じゆさんみ》の資格を有した立派な律令貴族であった。彼を「ヤカモチ」と訓ずるのも、こうした理由によっている。とすれば、義家に代表される「ヤカ」→「イエ」への変化は、そこに「家」により構成された「大家《おおやか》」＝「公」自体の変化と対応したものであったと解されよう。律令国家から中世的な王朝国家への変容も、この「家」とのかかわりと無関係ではなく、義家の「家」（イエ）の訓みは、中世的世界への傾斜を深めた平安後期以降の産物と考えることができる。

当然のことながら、それは「私《わたくし》」の要素が増大することと対応するものと判断される。「私」とは「自分の禾《いね》」（禾科の植物、穀物）であり、自己のイネ＝財産を示す語であることからもわかるように、

「公」概念で〝通分〟されていた律令国家の公地公民主義にあっては、「私」は「公」と同一レベルでは存在し得なかった。少なくともこれが理念・原則だった。

王朝国家の成立とは、前述したように領主制に代表される「私」の論理を、「請負」制を前提とすることで「公」と同一次元まで引き上げることを意味する。「家」(イエ)という訓み方が一般化する中世社会は、「公」が「私」を許容・承認することで成立する。「家持」と「義家」両者の〝家〟(「ヤカ」と「イエ」)が合意する内容を、「公」的な「ヤカ」と、「私」的な「イエ」という場面から整理すれば、以上のようになろうか。

「公家」はどうして「クゲ」なのか

そこで今度は、「公家」という語について考えたい。歴史の教科書をはじめとして、一般には「公家」は「クゲ」と訓まれている。これは〝公武の対立〟という表現からもわかるように「武家」すなわち「ブケ」に対する訓みでもある。だから「武家」=「武門」が社会的勢力となる以前は「公家」は国家=朝廷(公)を代表するもので、読みも「コウケ」であった。

中央集権の律令国家は、この「公家」が即〝国家〟概念と一致していたわけだが、権力の分散する中世は、「公家」は「クゲ」と訓ぜられることで、国家における貴族勢力を代表する一つの権門の呼称となる。「武家」が軍事（武力）の権門であると同様の意味で、「公家」は政事担当の権門となる。もちろん中世となっても「公家」には広狭両義があり、広い意味では「公」を意味する「コウケ」としての使われ方が完全に消滅したわけではない。が、傾向としては国家権力を分掌するかたちでの「クゲ」＝「公家」の登場を一般化させたことは間違いない。

中世史の学界では、一九六〇年代後半から国家論への議論が高まり、そのなかで「権門体制《けんもんたいせい》」なる概念が提起された。要は中世国家を考える場合のある種の共通イメージの表現の仕方ということにもなろうが、それによると、中世の国家は公家・武家・寺社家《じしゃけ》の三者がそれぞれの権門として分立しながら相互に国家の権力を分掌・補完し合うかたちで存在したとされる（黒田俊雄「中世の国家と天皇」、岩波講座『日本歴史』6、一九七五年所収）。

この観点に立った場合、こうした権力分掌システムがいつごろから誕生するかが問われることになる。厳密には院政期（後期王朝国家の段階）以降とされているが、その原型は十世紀前後には見られるようになると考えてもよいだろう。

ただし、この時期は、武士は「兵」と呼称される存在で、武力の請負いにおいて当該分野の職能を有してはいるが、武家という権門にまでは成長しておらず、予定調和的路線での観測でしかない。この時期は、戦う勢力としての兵・武士、あるいは祈る勢力としての寺社家は、依然として「公家」（コウケ）の部分的職能を担う存在でしかなく、予兆的要素が胚胎したとの理解が必要なのだろう。

その意味では、律令国家から王朝国家への転換とは、「公家」（コウケ）概念の解体、それにともなう職能分掌主義のきざしが出はじめた段階ということもできる。「請負」原理の広がりは、宗教（聖界）を担当する権門領主「寺社家」を成立させ、さらに武力（軍事）を請負う権門領主「武家」を生み出した。これは同時に政治・宗教・軍事を一体化するかたちで存立していた古代的律令国家が変化を来《きた》したことを意味するわけで、政務を請負う権門領主「公家《くげ》」の成立も、右の状況と対応していたことになろう。むろん純然たる中世国家は武家による支配を質的なかたちで定着させたとしても、である。

以上の諸点は次章以下で少しずつ述べるつもりだが、〝政《まつりごと》をする人〟＝貴族「公家」、〝祈る人〟＝僧侶・神官「寺社家」、〝戦う人〟＝兵・武士「武家《ぶけ》」という三者の権力補完構造、これが支配のレベルから見た中世国家の骨組みということになる。別の表現を使うならば、この三者はともに権門の領主階級を構成したわけで、〝権力〟を社会的なかたちで認知・容認させ得る〝権威〟と一体化させることで存立していた。

その意味では、公的・国家的（天皇制）に象徴される系譜を根源として有した「公家」は「王威」という場面で、仏法に象徴される宗教的権威の「寺社家」の世界は「霊威」（法威とも）の場面で、そして武力に示された軍事的権威たる「武家」は「武威」の場面で、それぞれ置き換えることもできる。「公家」「寺社家」「武家」をそれぞれ「王威」「法威」「武威」という語で包括するのは『平家物語』や『太平記』にもしばしば見られるものであり、古代から中世への過渡的国家の状況を、漠然と表現するものとして、右の語が雰囲気をよく伝えていると思うからである。

これについては、以下のような問題意識に支えられている。それはこの三つの権門は、それぞれの職能に根ざした三つの社会集団ではあるが、このうち政治権力を掌握したのは、公家・武家であり、これら公武の二元支配こそが、日本中世の権力構造の特質であったことになる。霊威（法威）を事とした聖界領主＝寺社家は一元的な公権という位置を与えられなかった。

そうした点を加味するならば、「権門体制」なる学術用語から連想されるものは、国家権力の分掌機能、あるいはシステムという面では有効な視角となろうが、これが国家権力の構造という面で認識するには問題も残る。「権門体制」なる概念提起の学史的意義を認めることに吝《やぶさ》かではないが、「権力論」としてでなく「機能論」として位置づけることで、王朝国家に引きつける議論に資することが可能となる。

神々の相剋

前章では、王朝国家とはどんなイメージなのか。説話から導き出される世界をいろいろな角度から読み解いてみた。本章は時代のチャンネルを古代の律令時代にさかのぼらせつつも、神仏の脅威から脱した人々が、中世社会への移行に向けて、どんな歩みや意識をもつことで、それが可能になっていったのかを考えてゆきたい。本章は、律令的原理を汲み上げるための説話とともに、その律令的原理に支えられた古代社会が、新しい力（武力）により打開される流れを読み解こうとした。

神々の戦い――『常陸国風土記』あるいは「夜刀神」説話

時代は一挙にさかのぼる。八世紀に成立した『風土記《ふどき》』の世界である。以下で紹介する『常陸国《ひたちのくに》風土記』（行方郡《なめかたごおり》条）所収の「夜刀神《やとのかみ》」説話には、前章でふれた律令国家の姿を考えるうえで参考となる素材が提供されている。まずは少し長いが、原文を引用しておこう。

石村《いわれ》の玉穂《たまほ》の宮に大八洲《おおやしま》馭《しろ》しめしし天皇《すめらみこと》のみ世、人あり。箭《や》刮《はず》の氏《うじ》の麻多智《またち》、郡《こおり》より西の谷の葦原《あしわら》を截《きり》ひ《はら》、墾《ひら》闢きて新《あらた》に田に治《は》りき。此の時、夜刀《やつ》の神、相群れ引率《ひきい》て、悉尽《ことごと》に到来《き》たり、左右《かにかく》に防障《さ》へて、耕佃《たつく》らしむることなし。俗《くにひと》いはく、蛇《へみ》を謂《い》ひて夜刀の神と為《な》す。其の形は、蛇の身にして頭《かしら》に角《つの》あり。率引て難《わざわい》を免《まぬか》るる時、見る人あらば、家門《いえかど》を破滅《ほろぼ》し、子孫《うみのこ》継がず、凡《すべ》て、此の郡の側《かたわら》の郊原《のはら》に甚多《いとさわ》に住めり。是《ここ》に麻多智、大きに怒りの情《こころ》を起こし、甲鎧《よろい》を着被《つ》けて、自身《みずから》仗《ほこ》を執《と》り、打《うち》殺し駈逐《おいや》らひき。及《すなわ》ち、山口に至り、標《しるし》の梲《つえ》を堺の堀に置《た》て、夜刀の神に告げていひしく、「此《ここ》より上《かみ》は神の地《ところ》と為すことを聴《ゆる》さむ。此より下《しも》は人の田と作《な》すべし。今より後《のち》、吾《われ》、神の祝《ほうり》と為《な》りて、永代《とこしえ》に敬《うやま》ひ祭らむ。冀《ねが》はくは、な祟《たた》りそ、な恨《うら》みそ」といひて、社《やしろ》を設《ま》けて、初めて祭りき、といへり、即ち、還《また》、耕田《つくりだ》一十《ひとつ》町《ところ》余を発《おこ》して、麻多智の子孫、相承《う》けて祭を致し、今に至るまで絶えず。其の後、難波《なにわ》の長柄《ながら》の豊前《とよさき》の大宮に臨軒《あめのしたしろ》しめしし天皇のみ世に至り、壬生連麿《みぶのむらじまろ》、初めて其の谷を占《し》めて、池の堤《つつみ》を築《つ》かしめき。時に夜刀の神、池の辺《へ》の椎株《しいのき》に昇り集まり、時を経《ふ》れども去らず。是に、麿、声を挙げて大言《たけ》びけらく、「此の池を修《おさ》めしむるは、要《むね》は民《たみ》を活かすにあり。何の神、誰の祇《くにつかみ》ぞ、風化《おもむけ》に従《したが》はざる」といひて、即ち、役《えだち》の民に令《おお》せていひけらく、「目に見る雑《くさぐさ》の物、魚虫《おうむし》の類《たぐい》は、憚《はばか》り懼《おそ》るるところなく、随尽《ことごと》に打殺せ」と言ひ了《お》はる応時《そのとき》、神しき蛇避け隠りき。謂はゆる其の池は、今、椎井《しい》の池と号《なづ》く。池の回《めぐ》りに椎株あり。清泉出づれば、井を取りて池に名づく。……

話の大意は次のようになる。

〈六世紀のはじめの継体《けいたい》天皇の時代のこと、箭括麻多智《やはずのまたち》という豪族が、郡（行方郡）の西方にある谷の葦原を開墾しようとしたところ「夜刀神《やとのかみ》」が群れ集まってその邪魔をした。――「夜刀神」の姿は蛇で頭に角がある――そこで麻多智は甲冑《かっちゅう》に身を固め仗をとってかたっぱしから打ち殺した。そして山の登り口に標《しるし》の梲《つえ》を立て、「夜刀神」に対して次のようにいった。「これより上は神の領地とし下は人の田とする。今後は自分の子孫に祝《ほうり》となって敬い祭りましょう。けっして恨むことのないように」と。こうして十町（一〇ヘクタール）あまりの田を開き、麻多智の子孫が代々神官となって神を祭った。

その後七世紀半ばの孝徳《こうとく》天皇の時代に壬生連麿《みぶのむらじまろ》という人が池の堤を築いて、この谷の全面的な開発を試みた。すると再び「夜刀神」が現れ、そこから動こうとしなかった。人々は恐れたが、麿は大声で「この池を造るのは民のためである。どこの神が風化《おもむけ》に従わないのか」と威嚇し、「目に見えるような魚や虫は、恐れることはない、かたっぱしから打ち殺せ」と人々に命じた。すると「夜刀神」はいずことも知れずに姿を消した。この池は椎井の池といい、いまでも清水が湧き出ている。〉

まず「夜刀神」である。「夜刀」とは「やと」「やつ」ともいって谷あいを指す語で、そこで開かれた田を谷田（やとだ／やつだ）という。その谷の神が「夜刀神」である。

人の力が弱く自然の前にひれふしていた時代、この自然の猛威は荒《あら》ぶる神であった。だからこの説話は、神なる自然を克服して谷田を開発する過程を象徴的に語ったものと理解できるわけで、ここに貫流する主題の一つはこれである。「夜刀神」が蛇の姿をとっていることも興味深く、その点ではこれが水神であったことを暗示している。

ちなみに、有名な素戔嗚尊《すさのおのみこと》が退治した八岐大蛇《やまたのおろち》は、出雲《いずも》平野をつくるとともに、しばしば洪水をもたらした斐伊川《ひい》（肥川《ひの》）の象徴だった。この点からすれば、「夜刀神」の話から出雲の開墾説話をイメージしていただいてもよい。出雲平野の八岐大蛇に比べると、東国常陸の谷の蛇神はずっと小さいが、水と蛇と水田耕作とは神話の世界では密接な関係がある。人は水がなければ生きられないが、ひとたび怒れば田も家も流しつくす。「夜刀神」はまさしく神として祭られるにふさわしい存在であった。

開墾説話、二題

ここには二つの開墾説話が語られており、両者の内容にはかなりの相違がある。時期と主役を見ても、一方は六世紀はじめの継体天皇の時代、この土地はえぬきの族長的豪族箭刮麻多智を主人公としており、他方は七世紀中期の孝徳天皇の時代、全国的に分布した壬生連の一員で、麿は茨城国造《くにのみやつこ》、このとき下級ながら小乙下《しょうおつのげ》という冠位を与えられて国の役人として登用された人物である。

つまりこの説話には、あいだに大化改新という大きな政治変動をはさみ、主役にも地方の族長と新国家建設の理想に燃える官人という設定がほどこされている。「古老のいへらく」という語りのなかでの話でもあり、これをそのまま史実とするか否かは問題も残る。が、いかにもありそうな話である。われわれにとって興味があるのは、このありそうな話を収録した『風土記』編者のねらいを考えることなのである。

この点は後に述べるとして、注目すべきは時期を異にした二人の人物が同一地域を開発・開墾するにあたっての行動である。麻多智は甲冑に身を固め、自ら仗をとって神々に立ち向かう英雄であるが、一方では神と人間の世界を区分し、自身で神を祭る。短甲《たんこう》に身を固めた埴輪《はにわ》の武人像を思わせる麻多智の雄姿ではあるが、彼も民衆と同様に自然に対し強い畏怖《いふ》をもち、神と人とを結ぶ司祭者＝祝《ほうり》となっているのである。

これに対し麿の姿は一見柔和な文人で、神をも教化し、民衆を教導している。彼はまさしく役民《えきみん》を指揮する下級官人であるが、彼の言葉には儒教的な合理思想に裏づけられた律令形成期の官人の自信があふれている。

『風土記』が二つの説話を対比して収録した第一のねらいも、この麿に代表される律令精神を示すところにあったのだろう。本説話の主題は、まさにこの律令精神の高揚にあったといってもよい。壬生連麿という官人の姿を通じて、東国常陸にあっても中央の威権が反映していたことを語ろうとしたのだろう。

その場合、麿が中央派遣の国司《こくし》級官人ではなかった点にも留意したい。なぜなら中央的律令の文明的開化主義が地方レベルにおいても消化されている実情を示すためには、むしろ郡司《ぐんじ》級官人が主役となることのほうがはるかに意味があったと考えられる。旧国造系の郡司層が共同体の首長として在来の族長的側面＝非律令的側面を保持していた存在であった以上、彼らを律令により感化させ得たことを示すためには、むしろ在地豪族の意識の変化を語るほうが重要だったにちがいない。『風土記』編者のねらいを深読みすればこんなことも頭にうかぶ。

この二つの開墾説話の相違点は、これにとどまるものではない。たとえば古代における開発の問題を考えるうえでも、われわれに興味ある素材を提供してくれる。麻多智の開墾地は谷の入り口付近の葦原であるし、ここには特別の用水施設をつくった記述もない。当時の農業技術では水抜き施設はつくれるはずもなく、ここでの開発は谷の落口の中洲などを利用し、葦原の一部を区切った湿田であろう。入ると腰までぬかるような湿田は、土が柔らかなので木製農具でも耕作できようが、季節により、また大雨が続けばたちまち水没する危険がある。

人々は自然に対する怖れと同居するかたちで開発を進めた。「夜刀神」を祭った理由もこのあたりにあったのだろう。

これに対して磨の開発は、説話の内容からもわかるように、堤を築き池をつくるという治水事業をともなっている。当然のことながら、多くの人手も必要だ。この場合、税の一種として民衆を無償で働かせた歳役《さいえき》か、有償ではあるが強制的に人々を動員した雇役《こえき》か、そのどちらかはわからないが、ここに見える「役民」はそうした土木事業にあたった公民にちがいない。

この池は湧水点につくられているので、水温上昇を第一の目的とした溜め池のように思えるが、説話の記述からだけでは具体的な機能はよくわからない。ただその機能がどのようなものであったとしても、これが安定的な耕地を生み出すためのものであり、池が造成されてはじめて、谷の奥まで開田することができたという事実が重要であろう。

現在のわれわれが目にする水田の多くは近世のものといってもよい。とくに平野部の水田はそうだ。それだけに古代の開墾のあり方を想像することは容易ではない。江戸時代の大規模な干拓事業以後は谷田の地位が相対的に低下し、今日では休耕田になっているものが多いが、中世以前には、この谷田こそが水田の基幹部分であった。説話に示された草創期の律令官人壬生連麿の開墾は、その意味で当時にあって先進的・理想的な開田であったと考えられる。

神々との争い——王威の登場

以上のように『常陸国風土記』の開墾説話には、前後二つの話が語られており、そこでは開発者の性格もつくられた水田も、かなり性格の違うものであったことがわかる。いまこれを仮に（A）「マタチ」型、（B）「マロ」型という二類型としてとらえ、その特徴を整理しておこう。（『八千代町史』

一九八七年。なお、この開墾説話について類型化したのは、福田豊彦『千葉常胤』吉川弘文館、一九八七年であり、あわせて参照のこと)

(A)「マタチ」型

人物——在地の豪族、族長的人物。

開発の特徴——自ら先頭に立ち開墾し、勇敢に自然と闘うが、自然＝神に対する怖れをはじめ、民衆と同様の日常的生活感情をもつ、いわば共同体族長的、英雄的開発。

開墾対象地——谷口の葦原。この自然的条件は大河の自然堤防後背の湿原も同様。

開発田地——土止めの杭をうって畔《あぜ》をつくり溝をつくって水を流すが、特別の用水施設をもたない湿田。不安定な低湿地水田。

農具——土も柔らかく小規模なため、造田の農工具も簡易なものを使用。開田後の耕作は木製農具でも可能であったと考えられる。

(B)「マロ」型

人物——茨城の国造で、大化改新後に行方郡を建てた人物。国造ではあるが改新後に冠位を与えられ、下級官人となった人物で、律令制下の郡司をイメージできよう。

開発の特徴——律令国家形成期の郡司級官人の指導により多数の役民を動員、儒教的合理思想により、土着の神も教化の対象とする。公権力利用の律令的開墾。

開墾対象地——入谷。

開発田地——小規模ながら堤などの治水施設をもった安定した谷田。

農具——土木工事を行うためには鉄製の農工具が必要で、『倭名類聚抄《わみょうるいじゅうしょう》』（十世紀につくられた百科辞典）で墾器《こんき》といわれている犂《すき》（牛馬に引かせるすき）が使われたと考えられる。しかし開田後には、耕地の地割が小さい関係もあり、先端に鉄片をつけた鍬《くわ》や鋤《すき》が主に使われたであろう。

以上、古代の水田開発という場面にスポットを当てたうえで、「夜刀神」説話を読み込むと右のような整理が可能となろう。

こうした諸点をふまえたうえで、「マタチ」型・「マロ」型が意味するところのものを別の角度から見直すとどうだろうか。たとえば「文明」と「文化」というモノサシで考えることもできるはずだ。「マロ」型が大化改新後の律令的開発の象徴だとすれば、そこに込められているイメージは「文明」的要素ということになろう。

逆に改新前の「マタチ」型は律令以前の族長的開発であり、「文化」的要素が強い。ここでの「文化」は地域的・個性的・特殊的なものの総体の表現であり、「文明」はその逆である。とすれば、この説話から抽出した「マタチ」型・「マロ」型も、最終的に文化から文明への移行・転換という時代の流れのなかで語られているものの、そこには律令的文明を代表する「マロ」が、非律令的土俗的文化の代表である「マタチ」を圧倒する構図となっている。

ここまで考えると、説話からのメッセージをどう受信すべきかという点で、われわれは「開発」「開墾」とは異なる、もう一つのアンテナを用意したほうがよさそうだ。「神々の争い」とでも表現できる観点である。「マタチ」型（文化）を代表する神、これが「夜刀神」ということになるし、「マロ」型（文明）を示す神、これが「風化《おもむけ》」（皇化＝天皇）と考えることができる。自然―蛇―「夜刀神」という系列での在地神が、中央の現人神《あらひとがみ》たる天皇の威権（王威）の前に屈したというストーリーとなる。

説話に示されているように、「マタチ」型は自然たる神と同居するなかで、神界・人界の区分を自明としていた。ここにあっては「夜刀神」は無秩序な自然の破壊を防止するための制御装置として機能している点にも留意する必要があろう。それゆえにその区界＝住み分けの約束は、麻多智の子孫が「祝」となり、「夜刀神」を子々孫々祭ることで実現されるはずだった。仮にその約束が反故《ほご》になった場合、神界の無視（自然破壊＝大開発）には、神＝自然は怒りをもって報いることも許されていた。

他方の「マロ」型の世界はどうか。「此の池を修《おさ》めしむるは、要《むね》は民《たみ》を活かすにあり。何の神、誰の祇《くにつかみ》ぞ、風化《おもむけ》に従《したが》はざる」との麿の言葉は、何よりも律令的文明主義に立脚した国家の声として読み換えることもできる。「風化」とは、啓蒙的発想で在地＝地方神を威圧することでもある。「文明」の名の下で「文化」を同化することといってもよい。そこには天皇の威光たる「王威」を背にした国家的エネルギーの発動があった。

「マロ」的世界は、この「王威」に象徴化された人間神＝現人神の世界だった。それは自然対人間に約言できる〝神々の争い〟の世界であった。大規模な開発をめざす「マロ」型の開墾譚のなかで、「夜刀神」はその存在すらも許されなくなる。自然への畏怖の消滅である。むろんこれは律令的な観念での消滅であり、現実にはこうした「夜刀神」レベルでの在地神への信仰は根強かったろう。

ちなみにわが国の律令官制は二官（太政官と神祇官《じんぎかん》）八省（中務《なかつかさ》・式部《しきぶ》・治部《じぶ》・民部《みんぶ》・刑部《ぎようぶ》・兵部《ひようぶ》・大蔵《おおくら》・宮内《くない》）制をとったが、神祇官の制度は律令以前の土俗的在地神を、中央レベルに組み込むためのものであったと理解されている。

いずれにしても「目に見る雑《くさぐさ》の物」をはじめ、「風化」（皇化）に順応しないものを圧することが「マロ」的な律令精神であった。儒教にあっては、孔子が述べるように「鬼神を論せず」という点でいえば、「目に見える」もの、これがすべてである。合理の精神とは、簡略化すれば、「目に見える」範囲を〝理《ことわり》〟（すじ）で判断することだった。「夜刀神」の化身たる蛇は、「マロ」的世界では蛇以外の何物でもなかった。「民を活かす」という大義の下で「打殺《うちころ》」されるべき存在だったのである。

迷信の打破とでも表現できそうな「マロ」的世界の誕生（律令国家）は、坂東《ばんどう》という辺境の地にも、中央の文明的光源がかすかながらも届いていることの証明でもあった。その意味で彼と彼の主導下でなされた開墾は、中央の「王威」を在地で体現していたと考えてよいだろう。

神々の戦いと「王威」

それでは、説話から汲み取ることができるメッセージはもう残されていないだろうか。たとえばこれまでに指摘した開発の諸類型を、所有の問題から解釈したらどのような理解が与えられるだろうか。むずかしく表現すれば、所有にはその客体が人間の場合と土地の場合の両者がある。ここでは前述来の開発にからむ内容という意味で、後者の土地の所有という問題に焦点を当てて考えておこう。人間の土地所有は、いうまでもなく自然の一部である大地を限定的に所有することではじまる。限定的所有とは、自然を神と一体視するなかで培《つちか》われた観念であり、自然（神）と人間が土地（大地）を媒介として同居することで成り立つ関係であろう。

「マタチ」型の族長的な開発は、その意味で神の土地への配慮を「夜刀神」を祭るという行為で実現している。このことは谷の葦原という自然の一部を開発した場合でも、そこに神の潜在的所有権を認めている。そこには神（夜刀神）を祭ることを条件として、限定されたかたちでの所有が可能だとの論理を見出すこともできる。その意味では、土地に対する神（自然）と人間の重層的関係が「マタチ」型における所有の本質と考えられる。

要するに、在地（地域）神という土俗的な文化を背負うかたちでこれとの共存をはかり、民衆一般を支配するというかたちである。麻多智とその子孫がその責任において「夜刀神」を守護すべき「祝」の地位を継承するとの約束も、彼が神（自然）よりその地の開発を委ねられていることを示す行為にほかならない。

これに対し「マロ」型の場合は、現象面としては「夜刀神」という在地神を打破する開発が遂行されている。律令国家による土地所有は、建前上は公地公民制に立つ排他的・独占的な土地支配にあったことから、在地レベルでの神々との対立を余儀なくさせた。古代王権を象徴するかたちで語られる「マロ」型の開発には、伝統的な慣習を押しのけるだけの力が存在した。力の源泉は、在地の神々とは異なる次元で登場した、国家レベルでの神であった。

律令国家が記紀神話を通じて在地（地域）の神々を中央の至高神アマテラス的国家神に統合したのはこのことを示している。このアマテラス神は、宇宙と大自然の統轄者として描かれていた。天皇はこの至高神の直系の子孫かつ霊威継承者として位置づけられている（義江彰夫「日本前近代の所有と対自然関係から」『現代思想』一八―九）。壬生連麿が中央の権力に裏打ちされた「王威」の力で迷信と対決し得たのも、こうした関係によっている。

所有のレベルでいえば、在地の神々を包み込むかたちで全国規模の「文明」的ネットが広げられたわけで、神祇官による神々の統轄もこの点と無関係ではない。つまり、「マタチ」型の所有に顕著な限定的土地支配のあり方が、在地神との同居で実現されていたのに対し、「マロ」型は在地の神を中央が一括・管理するという形態で国家の下での土地所有を可能とさせた点にあった。

在地の神をバックボーンとすることで、神（自然）の祟《たた》りを回避した「マタチ」型の所有は、国家的・全国的な高次の神々の前に屈服させられることになる。

「開発」と「所有」の問題をこうしたかたちで『風土記』説話から読み解くことができるが、そこに共通するものは、「神」の質は異にしても、ともに地方・中央それぞれの「神」を背後に有していたという点である。「マロ」型は両者が令制的官人による主導だとしても、天皇の威光なくしては、在地の迷信をつきくずすことが不可能であったという点である。その限りでは古代的世界であった。

それでは「中世」的世界とは何か。このことの意味を考えるために、われわれは『今昔物語集《こんじやくものがたりしゆう》』に収める有名な「猿神《さるがみ》」説話を見てみよう。

「猿神」説話

「美作国《みまさかのくに》の神、猟師の謀《はかりごと》に依《よ》りて生贄《いけにえ》を止むる語《こと》」（巻二六—七）と題するこの話は、東国出身の猟師が生贄となった娘の身代わりとなり、美作国中山《ちゆうざん》の猿神を退治したというものである。少し長文ではあるが、全体の流れを理解するために、原文を略述しておく。

今は昔、美作の国に中参《ちゆうざん》・高野《こうや》と申す神在《ま》します。其の神の体《たい》は、中参は猿、高野は蛇《へび》にてぞ在しましける。毎年《としごと》に一度其《そ》れを祭りけるに、生贄をぞ備へける。其の生贄には、国人の娘の未だ嫁《とつ》がぬをぞ立てける。此《こ》れは昔より近く成るまで怠らずして、久しく成りにけり。而《しか》る間《あいだ》、其の国に何人《なんぴと》ならねども、年十六七許《ばかり》なる娘の形《かたち》清げなる、持ちたる人有りけり。父母《ぶも》此れを愛して、身に替《か》へて悲しく思ひけるに、此の娘の、彼の生贄に差《さ》されにけり。……

然《しか》る間《あいだ》、東《あずま》の方《かた》より、事の縁有りて、其の国に来たれる人有りけり。此の人、犬山《いぬやま》と云ふ事をして、数《あま》たの犬を飼《か》ひて、山に入りて猪・鹿を犬に噉《く》ひ殺さしめて取る事を業《なりわい》としける人なり。亦《また》、心極めて猛き者の、物恐《ものお》ぢ為《せ》ぬにてぞ有りける。其の人、其の国に暫《しばら》く有りける間、自然《おのずか》ら此の事を聞きてけり。……此の東人《あずまびと》哀れに思ひ、糸惜《いとお》しく思ふ事限《かぎり》無し。既に祖《おや》に会ひぬれば、物語など為《す》。……「世に有る人、命に増《ま》さる物無し。亦人の財《たから》に為《す》る物、子に増さる物無し。其れに、只一人持ち給へらむ娘を目の前にて膾《なます》に造らせて見給はんも、糸《いと》心疎《う》し。只死に給ひね。敵《かたき》有る者に行《ゆ》き烈《つ》れて、徒死《いたずらじに》為《す》る者は無くやは有る。仏神も命の為にこそ怖《おそろ》しけれ。子の為にこそ身も惜しけれ。亦、其の君は今は無き人なり。同じ死《し》を、其の君、我れに得させ給ひてよ、我れ其の替《かわり》に死に侍《はべ》りなむ。其れは己れに給ふとも、苦しとな思ひ給ひそ」と。……年来飼ひ付けたりける犬山の犬を二つ撰《え》り勝《すぐ》りて、「汝よ、我れに代れ」と云ひ聞かせて、懃《ねんご》ろに飼ひけるに、山より密《ひそ》かに猿を生けながら捕へ持《もて》来たりて、人も無き所にて役と犬に教へて噉《く》はせ習はす。……既に其の日に成りぬれば、宮司より始めて、多くの人来たりて此れを迎ふ。新しき長櫃《ながひつ》を持て来たりて、「此れに入れよ」と云ひて、長櫃を寝屋《ねや》に指し入れたれば、男、狩衣《かりぎぬ》・袴許《はかまばかり》を着て、刀を身に引き副《そ》へて、長櫃に入りぬ。此の犬二つをば、左右の喬《そば》に入れ臥せつ。……生贄、御社に将《い》て参りて、祝《のつと》申して瑞籬《みずかき》の戸を開きて、此の長櫃結《ゆ》ひたる緒を切りて、指し入れて去《い》ぬ。瑞籬の戸を閉ぢて、宮司等外《そと》に着き並《なみ》みて居たり。男、長櫃を塵許《ちりばかり》雙《くじ》り開けて見れば、長《たけ》七八尺許《ばかり》ある猿、横座に有り。……暫《しば》し許《ばかり》有りて、横座の大猿、立ちて長櫃を開く。他の猿共皆立ちて、共に此れを開くる程に、男俄《にわ》かに出でて、犬に「噉へ、おれおれ」と云へば、二つの犬走り出でて、大きなる猿を噉ひて打ち臥せつ。男は凍《こおり》の如くなる刀を抜きて、一の猿を捕へて、俎《まないた》の上に引き臥せて、頭に刀を差し宛《あ》てて……「汝が、多くの年来、多くの人の子を噉へるが替《かわり》に、今日殺してん。只今にこそ有るめれ。神ならば我れ殺せ」と云ひて、頭に刀を宛てたれば、此の二つの犬多くの猿を噉ひ殺しつ、……而《しか》る間《あいだ》、一人の宮司に神託《つ》きて、宣《のたま》はく、「我れ、今日より後、永《なが》く此の生贄を得ず、物の命を殺さず。……」……男は家に返りて、其の女と永く夫妻《めおうと》として有りけり。父母は聟を喜ぶ事限《かぎり》無し。亦、其の家に露恐るる事無かりけり。其れも前生の果《か》の報《ほう》にこそは有りけめ。其の後、其の生贄立つる事無くして、国平らかなりけりとなむ、語り伝へたるとや。

粗筋は次のようになる。

〈美作国（岡山県）に中参・高野の両神がいた。中参は猿神、高野は蛇神で、この神様を祭るために毎年当国の未婚の娘が生贄とされる風習だった。ある年、十六、七歳の美しい娘が生贄とされ、これを知った両親の嘆きは大きかった。そのころ、この地に一人の東人が訪れ、生贄のうわさを聞き及び、両親に同情を寄せる。東人は両親に神と戦うように説得し、自分が娘の身代わりとなる策略を立てる。彼は日ごろ飼いならした二匹の犬を調教し猿神に備えていたが、いよいよ生贄を神にさし出す当日、長櫃のなかに身を入れた東人は山中の社に運ばれる。玉垣が開かれ宮司の去った後には長櫃が置かれ、やがてこれを猿たちが取り囲む。そこで長櫃からおどり出た東人は犬をけしかけ上座の大猿に刀を突きつけ、日ごろの罪状を認めさせ、あわせて今後は生贄の風習をやめ、益なき殺生はしないことを神託というかたちで誓わせる。その後、家にもどった東人は娘と夫婦となり幸せに暮らし、国も平和になった。〉

「猿神」伝説は全国に残されている。『今昔物語』にはこの他にも「飛騨国《ひだのくに》の猿神、生贄を止むる語」（巻二六―八）として、同様の話が収められている。一人の修行僧が滝を通り、異郷（隠れ里）へ赴き、同じく生贄の娘を救い、猿神を追放するといった話で、モチーフ自体は同様である。

モチーフ（祖型）といえば、これは例の出雲国で八岐大蛇を退治した素戔嗚尊の話と似ている。この説話での舞台は美作国であるが、時代は明確ではない。ここに登場する「中参」（中山）・「高野」両神は清和《せいわ》天皇の貞観《じょうがん》十七年（八七五）に、それぞれ正三位《しょうさんみ》・正五位下《しょうごいのげ》とされ（『三代実録《さんだいじつろく》』）、同国の一宮《いちのみや》、二宮に位置づけられた名神だった。両社の化神である猿・蛇はともに水神＝農耕の神とされている。

そこで、あらためて右に紹介した「猿神」説話の流れをおさらいすると、①「猿神」による生贄の選定、②東人の登場、③東人と生贄女性との愛、④生贄の身代わり、⑤大猿との戦い、⑥神託にもとづく命乞いと東人との約諾、という流れになろうか。

ここでの主題は「東の方より、事の縁有りて、其の国に来たれる人有りけり」と表現される「東人」と在地（地域）の神である「猿神」との対決という構図だった。

「東人」という来訪者

それではこの「東人」とは何者なのだろうか。「此の人、犬山と云ふ事をして、数《あま》たの犬を飼ひて、山に入りて猪・鹿を犬に噉《く》ひ殺さしめて取る事を業《なりわい》としける人なり」と見えている。「犬山」とは犬を使用した小人数の狩のことで、要するに狩師・狩人が「東人」の正体ということになる。彼はまた「心極めて猛き者の、物恐ぢ為ぬにてぞ有りける」（勇猛で恐れを知らぬ者）として描かれている。『今昔物語』にはこれ以外に「東人」の正体を知る手がかりはない。が、同様の説話を載せた『宇治拾遺物語《うじしゅういものがたり》』（「東人生贄を止むる事」巻一〇―六）には、次のような記述があり興味を引く。

「今は昔、山陽道美作国、中山・高野と申す神おはします。高野は蛇《くちなわ》、中山は猿丸にてなんおはする。……かかるほどに東の人の、狩といふ事をのみ役として、猪のしゝといふものの、腹だち叱りたるは、いとおそろしきものなり、それをだに、なにとも思ひたらず、心にまかせて、殺《ころし》取り食ふことを役とする者の、いみじう身の力強く、心たけく、むくつけき荒武者の、おのづから出で来て、そのわたりに立ちめぐるほどに、この女の父母のもとに来にけり」と見えている。

話の展開は『今昔物語集』と同一だろう。ただ「東人」については若干の表現の相違もある。これが平安末期の成立と伝えられる『今昔物語集』と鎌倉前期の『宇治拾遺物語』との差によるものと断定するわけにはいかないとしても、『宇治拾遺』による『今昔』の読み換えと解することが可能のはずだ。

傍線部に見える「心たけく、むくつけき荒武者」は、『今昔』の「心極めて猛き者の、物恐《ものお》ぢ為《せ》ぬにてぞ有りける」の言い換えにちがいあるまい。「東の方」が「あづま人」（吾妻人）と表現されている部分もそうだろう。つまり「吾妻人」＝「荒武者」ということになる。

どうやらこの『宇治拾遺』のフィルターを通すことによって、われわれは「東人」の正体が見えてきたようだ。彼は「武者《むしゃ》」であった。正確にいえば、『宇治拾遺』の作者は『今昔』の「東人」の表現から「武者」をイメージしたということだろう。

このことは時代設定の幅を考えるうえで有益な材料となろう。「武者」＝「兵」（つわもの）の語に込められた中身が中世的世界のそれであろうことは指摘するまでもあるまい。少なくとも『宇治拾遺』の作者が「東人」を「武者」と言い換えてもさしつかえない状況が、この「猿神」説話には存在したということが重要である。

この説話が中世的だと推測される理由はほかにもある。説話自体がもつ言説表現に限定した場合、この東人＝狩師＝武者と生贄娘との感情レベルでの細やかな表現などは、王朝文学からの影響を無視しては語れまい。

「延有《えんある》に突居《ついい》て蔀《しとみ》の迫《はざま》より臨《のぞき》ければ、此《この》生贄の女、糸《いと》清気にて……」とある描写など、『伊勢物語』を連想させる。さらに「もの思ひたる姿にて、寄り臥して、手習ひをするに、涙の袖の上にかかりて濡れたり」とある描写なども『源氏物語』を彷彿《ほうふつ》させるわけで、「猿神」説話に語られている表現描写に中世文学の香りをかぐこともできる。

男女の感情表現でいえば、『宇治拾遺』のほうが多量のようでもある。その意味で『今昔』のほうが、「猿神」退治という話に限定すれば、ストーリー性に無駄がなく、よりドライな表現が少なくない。

「死」への向き合い方

こうした文学的詮索とは別に、同説話が「中世的」と解される理由は、この「東人」が語る死生観ともいうべき中身である。たとえば東人が生贄の娘の両親に「敵《かたき》有る者に行き烈《つ》れて、徒死為《いたずらじにす》る者は無くやは有る。仏神も命の為にこそ怖《おそろ》しけれ」（敵を目の前にして、むだ死にする者がいるものか。神仏もわが命の惜しさゆえに恐しいものだ）と語る場面はその典型だろう。

ここでの「敵」はむろん「猿神」だが、「東人」は娘の両親に「徒死」（犬死）の無意味さを説く。要するにいっさいが〝命あっての物種《ものだね》〟だとの意識である。命を神仏に優先させるべきとする「東人」の発言は、たしかにドライである。われわれがいま問題としたいのは、この散文的なドライ主義が、どのような歴史的回路で登場してきたのかという点である。

ここで律令の建前主義について、そして中世の結果主義について、前章で語った内容を想い出していただきたい。「東人」の発言のなかには明らかに、結果万能主義が潜在していたと考えてよい。「徒死」の語に込められた「東人」の死生観は、まさに『今昔』という中世説話が〝蒸留〟した観念にほかならない（「徒死」については、池上洵一「『今昔物語集』に見る生と死」『岩波講座日本歴史』月報一六、参照）。

〝座して死を待つより自ら打って出る〟、有《あ》り体《てい》に表現すればこんなところだろう。これが〝死に様〟と連動する観念を醸成させることは想像できるはずだ。「同じ死を、後に人の聞かむ事も有りと思ひて試みつるなり」〈同じ死ぬなら後の世の語り草ともなれよと思って……〉（巻二七―二三）の表現に示される『今昔』的死生観は随所に見られる。

それはまた武士世界を語る中世軍記物にも通ずる。むずかしくいえば自己のために奮戦すること、それは根源的な自己保存本能に支えられた積極的な「死」にほかならない。中世は人間が「死」を見つけた時代だった。東人が語る「徒死」云々のなかにも、われわれはこの説話の時代の雰囲気を推測できる。こうした点をふまえて、さらに「東人」の正体を追究してみよう。

禁忌からの解放と「武威」

この説話が構造として人身《ひとみ》御供譚《ごくうたん》を柱としたことから、例の八岐大蛇退治はもとより、読者によってはギリシャ神話のペルセウスのアンドロメダ救出の話を想像されるだろう。さらにいえば、邦画の傑作『七人の侍』でもいいかもしれない。「東人《あずまびと》」（荒武者）は流れ者である。彼には失うべき地位や名誉はない。伝統や迷信にしばられる村人とは違う。彼にあるのは死をも恐れぬ勇気と正邪を判断する智恵《ちえ》だ。信ずるものは己《おのれ》の力のみ。カッコよすぎるナレーション風味の解説はともかくとして、禁《きん》忌《き》からの解放者としての立ち位置にあることは明らかであろう。

このことを前述の「夜刀神」説話での壬生連麿と比べてみるがいい。「猿神」も「夜刀神」と同様、在地の神を象徴化したものとして位置づけられている。この点は共通する。最後に退治あるいは追放する場面も同様だ。だが、両者には決定的な違いがある。何であるか。公権の有無である。皇威や王威の「風化《おもむけ》」的論理を前面に押し出すことで迷信の打破へと立ち向かう「マロ」に対し、「アヅマ」には何もない。あるのは「私」である。

「夜刀神」説話が「マタチ」型（族長的・英雄的）の共同体的な「公」と、「マロ」型（官人的）の国家的な「公」との二重の構造を有していたことはすでにふれた。前者が土俗的（文化的）レベルでの「公」に対し、後者のそれは都市的（文明的）なそれだとの解釈も前述した。

そこには、在地の神を「王威」という国家的な「公」でしばる（後者の「マロ」型がしばりは強い）ことで神を封印した状況が看取《かんしゅ》し得る。この〝封印〟の仕方は、「マタチ」型にあっては、開発者自身が在地で祝《はうり》となることで「夜刀神」との約諾が成立していたし、「マロ」型の場合は、国家の神祇官システムにもとづくアマテラス的秩序への吸収というかたちで完結されていた。共同体的首長の権威であれ国家的官人の権威であれ、そこに内在するものは「公」の論理であった。その意味で『風土記』が語る「夜刀神」説話は「公」をめぐる在地（共同体）と中央（律令国家）との確執の模様であり、その推移なのであろう。

他方、『今昔』的「猿神」説話にあっては、主人公の東人（荒武者）にこの「公」は存在しない。彼にあるものは権威にかわるべき「私」の実力だった。生贄の迷信という呪術的束縛から解放し得たものは、ひとえに東人が有した武力だったといってもよい。この武力は殺生《せっしょう》を業《なりわい》とし、「仏神も命の為にこそ怖しけれ」と公然と言い放つ経験に根ざした武力である。東人の正体はいよいよはっきりしてきた。想像されるように、彼は「中世」の象徴だった。

そもそも「猿神」退治の主人公がなぜ「東の方」からやってきたのか（『宇治拾遺』では「あづまの人」の表現）、考えてみてもよい問題ではないか。

マレビトとしての「東人」

たしかにこの表現は、異郷の人が村落秩序を打ち破るというテーマに多く用いられる、いわば「マレビト」的発想を読み取ることができよう。かつて折口信夫《おりくちしのぶ》が古代の来訪神を説明するための概念装置として用いたこの語は、今日広く知られている。来客あるいは客神（訪問神）を示す語である「マレビト」は古くから文献にも登場するが、民俗学では「貴種流離譚《きしゅりゅうりたん》」などとともに文化・文学の基層を問う場合に有効な概念とされる。

この「マレビト」＝「異邦人」概念について、構造主義の立場から「猿神」説話に独自の解釈を与える研究もある（たとえば上野千鶴子・小松和彦「権力のディスコースと〈外部性〉の民俗学」『現代思想』一九八七年三月号）が、この点はおくとして、説話中の「東人」から「中世」というコードを引き出すことが許される場合、この「アヅマ」に込められた中身はたしかに「マレビト」（客神・訪問神）的なのかもしれない。それはそれでよいが、彼がなぜ「アヅマ」なのかは不明である。

ここで単純に〝古代は西から、中世は東から〟などというつもりはない。が、答えはこれに近い。「アヅマ」＝東方は古代的律令の物差しでは異域だった。「東国」がもつ歴史的特質は、この坂の東に位置した異域を、東北奥州との戦争における基盤としたところにあった。「アヅマ」は説話作者にとってまさに「夷」であり「異」であったにちがいない。鎌倉幕府に代表される東国の武家政権は、この「夷（異）」を「武威」という表皮でおおうことで成立する。

この地に成立した坂東のあるいは東国の武士団は、この武力で全国を〝通分〟した。兵《つわもの》の故郷「アヅマ」が有した象徴性をこのように解することが許されるとすれば、「猿神」説話のおもしろさも倍加されよう。「アヅマ」の語に凝縮された中世の気分といえばおおげさだが、こんなことが頭にうかぶ。輪郭を明瞭にもった中世は、たしかに東国から出発している。

ところで、その「猿神」だが、これが説話の構造において在来神として語られていることは明らかであった。ここで「夜刀神」説話と強引に接着させる必要もないが、あえて想像を逞《たくま》しくすれば、次のように解釈することもできる。

律令国家の成立で在地（地域）レベルで封印・凍結された在来の神々は、形式上国家的秩序に組み込まれることとなったが、現実には共同体的慣習のなかで依然として命脈を保ちつづけていた。そのかぎりでは「夜刀神」的在来神は変容しつつも存続していったと考えてよいだろう。「マタチ」的人間が、神との契約で村々の共同体的秩序を維持していたのである。それゆえにこの説話で生贄を奉納する宮司の登場もまさに「マタチ」的人間の後裔《こうえい》だと考えると、「猿神」と「夜刀神」の相似性も確認できる。

両者の違いは、「猿神」のほうが中世的要素が濃いことだった。「マタチ」的古代は「夜刀神」と共存することで共同体的秩序を維持したが、「アヅマ」的中世は「猿神」の追放で新しい村落的秩序を創造したのである。在来神たる「夜刀神」と「猿神」に対する対応の仕方の相違、その違いが古代と中世の差ということになる。これが平安末期につくられた『今昔物語』と以前の『風土記』の差だった。

ある村の中世——もう一つの「猿神」説話

「夜刀神」と「猿神」への対応の違い、これが「東人」（荒武者）のもつ「武威」によることを確認した。前者の「王威」と後者の「武威」。この点を見据えたうえで、もう少しこの問題を掘り下げておこう。

『今昔物語集』にはこの美作国のほかに、前にふれたように、もう一つ飛驒国の猿神説話もある（「飛驒の国の猿神、生贄を止むる語」巻二六―八）。ストーリーは近似している。

「今は昔、仏の道を行《おこな》ひ行《ゆ》く僧有りけり。何《いづ》くとも無く行ひ行きける程《ほど》に、飛驒の国まで行きにけり」との書き出しではじまるこの説話のあらましは、以下のとおり。

まず一人の修行僧が道に迷い、滝を通って異郷に至る。群集する人々に導かれ、僧は「郡殿《こおりどの》」（郡司）のもとに連れてゆかれた。ここで裁きの場に引き出された僧は、彼を最初に発見した男の家に招じられ饗応を受け、その家の娘を妻とする。

ともに暮すうちに、還俗の姿になった僧は、この地を去り難く思うようになる。やがて八カ月にもなるころ、妻女の様子が沈みがちとなる。その後妻女は泣きながら「猿神」への生贄の習慣を語り、僧が女の生贄の代わりとしてこの家に連れてこられたこと、貧弱な生贄を差し出すと神が怒り作物の実らないこと、男を肥らせたのもこうした事情によることなどを語った。

話を聞いた男は自ら生贄に立ち、「猿神」と対決しようと決意する。やがて当日、山中の神殿に運ばれた男は、袴《はかま》に隠した刀の威力で猿を威圧、降参させる。「兵」の姿に変身した男は猿たちを捕え、郷に連れてゆき村人の前でその正体を暴露した。男は猿たちに、今後は彼を神と崇め奉仕する旨を誓わせ、やがてその郷の長者となり村人を支配するようになった。

以上が大筋だ。美作国の「猿神」説話に比べ、内容が若干詳しくなっているものの、パターンは同様である。「東人」が「修行僧」に、「アヅマ」からの来訪が「日本国」という表現になっていることなど、表現に相違はあるものの、異域からの人間が「猿神」に象徴される旧来の神を武力で退治・追放するという場面は共通する。

違いがあるとすれば、この説話では「東人」のその後の姿を想像させる話がくわえられている点だろう。「此の生贄の男は、其の後、其の郷の長者として、人を皆進退《しんたい》し仕《つか》ひて、彼の妻と棲《す》みてぞ有りける。此方《こなた》（日本国）にも時々密かに通ひければ、語り伝へたるなるべし」と、あるように、郷の長者となったこの男は村人を支配し「日本」とも往来をしたと見えている場面がそれである。

彼はこの異郷の地で、従来の「郡殿」にかわり長者となったのである。「兵が村にやってきた」（入間田宣夫『武者の世に』〈日本の歴史〉7、集英社、一九九一年）との表現を借用すれば、彼は領主になったと考えてもよいだろう。おそらくそれは前述の「東人」のその後の姿にも共通するものであったにちがいない。「東人」が狩人・荒武者であることを考えれば、「猿神」をも威圧した武力の卓越さで、異郷から訪れたこの人物もこの地域の人々を支配したことだろう。

さらにもう一つ、興味深い話がある。この男が「猿神」に対して、「今は君をこそは神と仰ぎ奉て、身を任せ奉《たてまつ》らめ。只仰《おうせ》のまゝ」（今後あなたを神と仰ぎ奉り、この身を任せます。何事も仰せのままに）と語らせている場面だ。ここにあって、郷＝村人の共同守護神だったかつての「猿神」はその地位を追われ、これにかわって新しい神が登場した。この神は地域の禁忌を破ることで、自らの力により人々の前に君臨することになった。

この「新しい神」は武力を保持した「兵」だった。従来の「猿神」はこの新しい実力者の前に、これを「神」として拝することを強いられる。「兵」のための神となることで、「猿神」はその地位を保持した。かつて畏怖の対象として村人の前に君臨した「猿神」の霊力は、武威の前に屈したのである。彼＝「兵」は在地における名士たる立場で、領主として君臨することとなったのだ。この在来の「猿神」を自己の内部に取り入れることで、その支配の正統性を示したにちがいない。

「郷の長者として、人を皆進退」する力の源泉は、私的実力（武力）にくわえ、神のもつ「霊威」をわがものとしたところに発した。美作版「猿神」説話ではこの点は不明だが、同じく「猿神」迷信を打破し、その地に永住したとの一節を想い起こせば大同小異なのだろう。二つの「猿神」説話を通じ、「武威」のもつ重要性も理解されよう。

「王威」から「武威」へ

前にふれたように律令的・国家的「王威」は、「夜刀神」を「マロ」的官人の権威を通じて封印＝凍結させた。それは在来の共同体的秩序の上に、新しい律令的「公」を上乗せするかたちで登場した。

古代国家はこうして完成した。そこにあっては「マタチ」的なものを「マロ」へと接《つ》ぎ木した（日本的律令国家）。

王朝国家の段階とは、この接ぎ木部分が整合性をもち、融合しはじめる第一の時期といえる。図式的にいえば、中世への傾斜はおそらくここからはじまると考えてよいだろう。ちなみに国家的「公」へとつなぐ接ぎ木の接着剤を「王威」とすれば、「王威」という接着剤は権威と権力が天皇に集中化されていた時代は、その機能を果たし得ていた。平安時代は古代的天皇の保持した権力が「王威」から分離してゆく過程でもある。国家権力の分散化に伴う請負体制の登場は、古代の王権が中世のそれへと変貌するなかで理解されるべきだろう。

接ぎ木云々という話でいえば、律令的国家権力の低下は、その威圧の下で封印凍結された在来の神々を再び動き出させた。国家的「公」をもって共同体的「公」を封ずる方策は、ここにおいて新たな「マレビト」（訪問神）の助力を必然化させることになる。国家的な「公」とは異なる「私」の登場である。

「猿神」を威圧するには、「夜刀神」と同様な「皇化」主義は万能薬とはならなかった。「東人」がかりに「マレビト」だとすれば、「公」をもち合わせぬ、アウトロー的「私」の世界に身をおく存在として理解できるはずだ。かかる世界にあっては、「猿神」的在来神は「東人」や「修行僧」に象徴される武士的・領主的「武威」のなかへと完全に溶け込むことになる。

「猿神」が宮司の口をかりて「我れ今日より後、永く此の生贄を得ず、物の命を殺さず……只《ただ》我れを助けよ」と語る部分は、「夜刀神」での「マタチ」とはまさに対称的である。そこでは「夜刀神」のような共存・共栄の関係は存在しない。荒ぶる自然が神であった古代の終焉だといってもよい。誕生しつつある中世、それは荒ぶる自然を神と敬い、恐怖の対象とする未開からの脱却の時代でもあった。

中世とは、かつて古代の国家や共同体で、「公」のレベルで存在していた神を「私」（領主）の世界に引き込んだ時代だった。この「私」は、東人であれ僧であれ「王威」にかわるべき「武威」を保持することで民衆の上に君臨することになる。領主の時代が到来したのである。

ここで以前に述べた無縁的世界の話を想起してほしい。無縁と有縁の媒介者として、兵《つわもの》や武士の存在にふれた。「猿神」説話を中世的なそれの象徴として読み換えることができるとすれば、この「猿神」というタブーを打破できる力は、同じく血避《けつぴ》の観念から解放され、無縁の世界に身をおくこともいとわない猟師・兵といった存在によって体現できたことになる。例のお伽草子の場面との兼ね合いのなかで、無縁世界への取り込みを可能とした状況は、このようなものであった。

都大路の暗殺者たち

いよいよ本章から兵（つわもの）・武者（むしゃ）たちの生態についての本題に入る。「都大路の暗殺者たち」と題する内容は、歴史上実在の平安武者たちの行動をあぶり出すことで、兵・武者のドライな側面に言及したい。武士にロマンを求める傾向が強いことを承知のうえで、語られないもう一つの兵・武士像に想いを致すことで、鎌倉時代以前の武士の原像にスポットを当てたいと考える。別の表現でいえば、権門たる武家（幕府）に調教されない以前の闇の主役たちの姿を、都を舞台にながめておこう。

「兵」について

少しむずかしい話からはじめたい。「兵」（つわもの）の概念についてである。本書ではこれまで「兵」については厳密な使用の仕方をせずにムードとして用いてきた。以下では、より学問的な引き出しに整理してから使用したいと思う。

〈つわもの〉の由来が武器（武ノ器《うつわ》）にあることはよく知られている。この武器を駆使する人間、武的領有者の汎称《はんしょう》、これが「兵《つわもの》」ということになる。そのかぎりでは、この語の登場は中世だけの世界ではない。また、ここで問題とする「兵」は、広い意味での武力を担った人々を意味するわけではない。古代の兵士も中世・近世の武士も、さらに近代の軍人も、武力への関与という点では共通する。ここでは中世という時代を規定した「武力」、この武力に対応するかたちで登場した存在、これを「兵」と理解しておきたい。いわば武士の原型ともよぶべき武的職能を有した社会的存在、これが「兵」ということになる。ここであえて「社会的」と形容したのは、「兵」の呼称が少なくとも国家的法制的身分とは異なる、実態的表現として登場してきたことによる。

それでは「武士」すなわち〈もののふ〉との相違は何か、当然問われなければならない。むろん史料的には、「兵」が「武士」の語に先行するが、しばしば指摘される答えを用意しておくと、「兵」から「武士」への転換には「所領」の観念が介在するという点だ。「所領」をもった武的領有者、すなわち在地領主の成立と「武士」の登場は、その意味で不可分の関係と理解されている。

それではこの在地領主とは何か。これまたむずかしい問題だが、辞書風に示せば、中世封建社会にあって、在地で武的強制力を保持し、農民一般を支配する存在ということになる。このあたりの細かい学問論議は他に譲るが、「兵」と「武士」の境界は必ずしも明瞭でないことも事実だ。領主制の成熟度から私営田領主＝「兵」段階、在地領主＝「武士」段階と区別する整理の仕方もあるが、完全ではない。「兵」は領主制が成熟する以前の武的職能者とでも漠然と解しておくべきだろう。

「今は昔、朱雀《すざく》院の御時《おんとき》に東国に平将門《たいらのまさかど》と云ふ兵《つわもの》有りけり。……弓箭《きゅうせん》を以て身の荘《かざり》として、多くの猛き兵を集めて伴《とも》として、合戦を以て業《なりわい》とす」（『今昔』巻二五―一）とある将門についての描写に語られているように、「兵」とは〈合戦を業とする者〉であった。その意味では戦うことを職能とした戦闘のプロたちという面が強い。後に登場する武士とは違い「武士団」というヒエラルヒッシュな関係が未成熟な段階の専業武人、これが「兵」だった。当然のことながら「兵」段階にあっては軍事集団（武士団）の未組織性が特徴をなす。

あわせて次のようにも解することができる。実態的・社会的な存在の「兵」に対して、「武士」の場合は、身分的・制度的意味で用いられることが少なくない。領主制の成熟度とは異なる尺度になるが、武的領有者を身分・制度上から表現すれば、「兵」は「武士」と理解される。『今昔物語集』などの平安末期の説話集には、「兵」という表現は登場しても「武士」なる語が見えないことも、この点と関係する。要するに、武的領有者に対する光の当て方により、「兵」と呼称されたり「武士」と呼称されたりもする。大雑把にいえば、「兵」が個人レベルでの武的専業者という側面がより強いという点だろう。いずれにしても、「兵」を「武士」の祖型と解したうえで、以後の話を進めておこう。

「兵」のルーツ

ここで前述の『古今著聞集《ここんちょもんじゅう》』に語られていた「毒瓜」説話について想い返してみたい。そこに登場した四人の人物（晴明《せいめい》、観修《かんしゅ》、忠明《ただあき》、義家《よしいえ》）のうち、最後の義家は「武士」と表現されていた。「義家なにとなく中をわると見えつれど、蛇の頸《くび》を切りたりけり」。刀を用いての「毒瓜」の切断、これが国家の守護を職能的に分担する人々のなかにあって、特別な位置づけを与えられていたことだ。つまり前三者がいずれも晴明の占い、観修の加持、忠明の針治療という具合に精神的（不可視的）方策であったのに対し、武士たる義家の対処が「毒」の切断という物理的（可視的）手段によっていたということだろう。

別の表現をすれば、解毒機能（＝守護的機能）という場面での義家の行為は、武士のみが果たし得る積極的手段だった。このことは、この時期の国家なり社会において、武力の相対的優位性を物語るものと判断されよう。少なくともそこには、血避《けつび》観念の強固であった律令的古代とは異質な方向が顕在化しつつあった時代の意識を確認できる。

では、武力を備えた専業的武人がどのように誕生したのか。従来の通説的理解では、律令制の衰退にともない地方が乱れ、新たに力を蓄えた有力農民（田堵《たと》や名主層《みょうしゅ》）が自衛のために武装したことに由来するというものだった。農民自衛論とでも一括できそうなこの観点は現在、大きく是正されつつある。

この点、農民の価値観が血を避ける方向にあったことにくわえて、「兵」「武士」の由来や素性を伝える諸史料から農民が武士化した事例を確認できないことなどが主たる理由だという（義江彰夫『歴史の曙から伝統社会の成熟へ』山川出版社、一九八六年）。義家の場合もそうだが、生成期の「武士（兵）」はいずれも、将門《まさかど》にしろ純友《すみとも》にしろ、その出自は「武」を業《なりわい》とした軍事指揮官の末裔であった。

後にも述べるが、将門の父良持《よしもち》（将）は鎮守府将軍の肩書をもつ軍事貴族だった。その限りでは将門もその流れに位置したわけで、東国での「兵」としての地盤は農民成長論とか自衛論とかでは整理できないものがあった。この点は摂関《せっかん》の傍流の流れに属した純友も同じである。つまりは律令的地方官僚の土着化にともなう地方名士の役割を担ったのが、将門なり純友だった。彼らのような存在は「地方軍事貴族」と解すべきとの考え方もある。

問題は、このような「武力」が必要とされる歴史的状況を問うことであるが、これを地方社会の混乱というかたちに直結させても興味はわかないだろう。あくまで説話世界のなかで引きつけるならば、この「武力」の問題もふくめて、中世的価値意識がどう表現され、これが武的領有者たる「兵」（武者）の原像にどう転化されているのかを考えることである。

まず武力一般を離れた場合、説話のなかで中世的価値意識がどのように語られているかを見ておこう。

「智恵」の問題

以下では『今昔物語集』所収の「愛宕護山《あたごやま》の聖人《しようにん》、野猪《くさいなぎ》に謀《たばか》らるる語《こと》」（巻二〇―一三）を紹介しながら右の問題に接近しよう。

今は昔、愛宕護の山に久しく行ふ持経者《じきようしや》の聖人ありけり。年ごろ法華経《ほけきよう》持ちたてまつりて、他の念なくして、坊の外に出づることなかりけり。智恵なくして法文《ほうもん》を学ばざりけり。しかるに、その山の西の方に、一人の猟師ありけり。鹿猪《かのししいのしし》を射殺すをもつて役とせり。しかれども、この猟師この聖人をなむ、ねんごろにたふとびて、常に自らも来り、折ふしにはさるべき物などを志しける。

しかる間、猟師久しくこの聖人のもとに詣でざりければ、餌袋《えぶくろ》にさるべき菓子《くだもの》など入れて持て詣でたり。聖人喜びて、日ごろのおぼつかなきことでもなどいふに、聖人居寄りて猟師にいはく、「近ごろ極めてたふときことなむ侍る。われ年ごろ他の念なく、法華経を持ちたてまつりてある験《しるし》にやあらむ、近ごろ夜々普賢《ふげん》なむ現じたまふ。されば今夜留まりて礼《おが》みたてまつりたまへ」と。猟師、「極めてたふときことにこそ候《そうろ》ふなれ。さらば留まりて礼みたてまつらむ」といひて留まりぬ。……

九月廿日余《はつか》りのことなれば、夜もつとも長し。……見れば白き色の菩薩《ぼさつ》、白象《びやくぞう》に乗りてやうやく下りおはします。その有様《ありさま》実にあはれにたふとし、菩薩来て、房に向ひたる所に近く立ちたまへり。

聖人泣く泣く礼拝恭敬《らいはいくぎよう》し、後にある猟師にいはく、「何ぞ。主は礼みたてまつりたまふや」と。猟師、「極めてたふとく礼みたてまつる」と答へて、心のうちに思はく、聖人の年ごろ法華経を持ちたてまつりたまはむ目に、見えたまはむは、もつともしかるべし。……わが身などは経をも知りたてまつらぬ目に、かく見えたまふは、極めて怪しきことなり。これを試みたてまつらむに、信を発さむがためなれば、更に罪得べきことにもあらじと思ひて、鋭雁矢《とがりや》を弓に番《つが》へて、聖人の礼み入りてひれ伏したる上よりさし越して、弓を強く引きて射たれば、菩薩の御胸に当るやうにして、火をうち消つやうに光も失せぬ。谷ざまに動きて逃げぬる。

夜明けて後、菩薩の立ちたまへる所を行きて見れば、血多く流れたり。……谷底に大いなる野猪の、胸より鋭雁矢を背に射通されて、死に伏せりけり。……

されば、聖人也と云へども、智恵なき者は、かく謀被《たばからる》る也。役と罪を造る猟師なりといへども、思慮あれば、かく野猪をも射顕《いあら》はすなりけり。……

話の筋は次のとおり。

〈愛宕山に立派な聖人がいた。長年法華経を信仰し、僧房の外にも出ず修行につとめていた。また山の西方には鹿・猪を射殺すことを業とした猟師がおり、聖のもとに時おり、供物などを持参していた。ある時、久しぶりに聖を訪れた猟師は、この聖から最近法華経の験能《げんのう》で普賢菩薩《ふげんぼさつ》が現れることを聞き、自分の目でこれを確認しようと聖人とともに房に泊まることになる。九月も半ば過ぎの夜半、菩薩が白象に乗り姿を現したが、礼拝する聖《ひじり》を見ながらこの猟師は日頃不信心な自分にも菩薩が現じていることをあやしみ、これに矢を射た。すると菩薩は姿を消し、その跡に血が残っており、これをたどると谷底に野猪が矢に当たり死んでいた。〉

これと同様の話は『宇治拾遺物語《うじしゅういものがたり》』(「猟師、仏を射る事」巻八―六)にも見えている。ただし、そこでは普賢菩薩の正体が『今昔』のように野猪ではなく狸となっている。それはよいとして、両説話に共通するものは、分別《ふんべつ》＝智恵《ちえ》ある猟師が、思慮のない聖よりまさっていたという内容だろう。説話の骨格はこの両人の対比を通じ、猟師の行動への称賛が前提となっている。「されば、聖人也と云へども、智恵なき者は、かく謀被る也。役と罪を造る猟師なりといへども、思慮あれば、かく野猪をも射顕はすなりけり」と伝える『今昔』の評語は、このことを語るものであろう。

ここに流れているものは、猟師の「思慮」「智恵」「分別」という合理の見方である。「聖人の年ごろ法華経を持ちたてまつりたまはむ目に、見えたまはむは、もつともしかるべし」、対して「経をも知りたてまつらぬ目に、かく見えたまふは、極めて怪しきことなり」と語る猟師の意識は、こうした

「合理」の考え方がよく示されている場面だろう。聖人の眼には見えても不信の徒に普賢菩薩の姿が見えるはずがないとして、自らの眼で事実を探究する猟師の姿勢、それは前章で紹介した「猿神《さるがみ》」説話での猟師の「東人《あずまびと》」にも共有されていた意識であった。結局ここでの焦点は「智恵」を軸に、現実的合理を尺度とする中世的価値観が語られている点であろう。

同様のモチーフは、化物《ばけもの》屋敷を購入した三善清行《みよしきよゆき》が、邸内の物怪《もののけ》＝妖怪のおどしにも動ぜず撃退したとの話にもうかがうことができる。「心賢《かしこ》く智《さとり》有る人の為には、鬼なれども悪事《あしきこと》も否発《えおこ》さぬ事なりけり」（『今昔』巻二七—三一）との評はこれを語っていよう。

このように「智恵」が迷信を打破し、自らの力で自己の運命を開拓するというテーマは、『今昔』の「世俗部」におおむね共通する。これらの説話は「兵」像とは直接関連したものではないが、「智恵」が行動の価値基準として平安後期以降、大きく浮上してきた事情を確認できる。

いうまでもなく「智恵」とはたんなる知識ではない。経験に裏打ちされた冷静な判断、危機にさいしての果断な行動、情勢に対応する的確な対処と、いずれもが「智恵」と表現されるものだった。ちなみに『今昔』以前の説話的世界を語る『日本霊異記《にほんりょういき》』にあっては、こうした「智恵」にまつわる話が具体性をもって登場していない。この点を考え合わせるならば、院政期に成立したと伝えられる『今昔』的な「智」の系譜は、明らかに中世的な人間観を伝えるものと判断されよう。

「智」の問題とは別に、『霊異記』と『今昔』との対比云々から両者の相違が鮮明に語られている話にも少しふれておこう。
「孤《みなしご》の嬢《おうな》、観音の銅像に憑《よ》り敬《うやま》ひ、奇《めずら》しき表《しるし》を示して、現報《げんぽう》を得る縁」と題する『霊異記』（中巻、第三四）には、富裕な郡司の家に生まれた女が、父母の死後、孤児となり貧しいなかで結婚し、観音の信仰で福分を授かるという話がある。ほぼ同様の話が『今昔』（巻一六—八）にも再録されている。

注目したいのは、『霊異記』的古代と『今昔』的中世における同一説話での〈財産〉に関する表現描写の相違である。前者では父母死後のこの家の零落の様子を「父母命終はり、奴婢《ぬひ》逃げ散り、馬牛死に亡《う》す。財を失ひ家貧しく……」と語られている。これが『今昔』では同様の部分を「月日の行《ゆく》に随《したがい》て、住む宅《いえ》も荒れ以《もて》行く、仕《つかい》ける従者《とものもの》共も皆行き散り、領しける田畠も人に皆押取などして知る所もなかりければ……」と記している。

ここでの違いは明らかだろう。「奴婢」「馬牛」という動産が財産の主要な形態であった段階の『霊異記』的世界に対し、『今昔』のそれは「従者」の表現にくわえて、「領しける田畠」（所領）、「知る所」（知行）という不動産に対する意識が大きな要素となっている点だ。右の問題は必ずしも「智恵」とリンクするわけではないが、「所領」に対する観念がこの時期に大きな意味をもったことは留意してよいだろう。いずれにしても、「智恵」や「所領」の語が中世を特徴づけるうえで重要な問題となっている点を確認しておきたい。

こうした諸点を念頭におきながら説話のなかでの「兵」像にさらに近づいてみよう。

「兵」と出生証

中世的価値観の形成をこのようなかたちで理解できるとすれば、説話が描く新たなタイプの人間像の創出は、当然のことながら「兵」や「武士」関係説話にも投影されていることになろう。

一般に彼ら「兵」の固有の属性は「武力」との結合にあったが、他方でそれのみでは「兵」とは認められないことも事実であった。藤原章家《ふじわらのあきいえ》の侍《さむらい》として武勇をもって知られた頼方《よりかた》なる人物は、章家が催した主従の会食のおり、主人から下げられてきた食膳の物を直ちに口に入れ、同輩に難じられるや、度を失い、器に再度食物を吐き戻したという。この話を伝えた『今昔』は、「人何事也とも、急と思ひ廻して為す可《べ》き也《なり》」（巻二八―三四）と語り、咄嗟《とっさ》の機転の重要さを指摘する。「見目事々しくして、……兵立《つわものだち》」と形容される頼方の姿は、「智恵」の欠如のゆえに「兵立」（兵らしい）としか表現することができない人物として映じたのである。

同じように、日ごろから武勇をひけらかす男が、自分の影を盗賊と間違えて大醜態を演じてしまう話にも「兵立」の評が下されている。「受領《ずりよう》の郎等《ろうとう》して、人に猛《たけ》く見えむと思《おも》て、艶《えもいわ》す兵立ける者」（巻二八―四二）と表現されており、ここにあっても表面上の勇猛さのみでは、「兵立ける者」という評価しか与えられておらず、真の「兵」は「智恵」を不可欠としたことがわかる。「智恵」はその意味で、「兵」たり得る条件の一つであるとともに、中世の時代が生み出した価値観だった。

以上見たように〈武力〉にくわえて〈智恵〉が「兵」の要件だとしても、この両者のみで事足りたのかといえば、必ずしもそうではなかった。たとえば鈴鹿《すずか》山中に出没するという鬼を、豪胆な若者たちが分別ある行動と刀の威力で撃退したという話が見えているが、そこには「下衆《げす》なれども、三人ながら心猛く思量《おもんぱかり》有けり」（『今昔』巻二七—四四）と記されているだけで、彼らは「兵」とは表現されていない。

それでは、「兵」なり「武者」の要件として他に何が必要だったのだろうか。同じく『今昔』の世界ではあるが、「袴垂《はかまだれ》、関山《せきやま》にして虚死《きょし》して人を殺す語《こと》」（巻二九—一九）には、その意味で興味深い内容が提供されている。

盗賊の首領として有名な袴垂が出獄したのち、逢坂山《おうさかやま》（関山）で死人を装い旅人の殺傷を計画するという内容だ。通りがかった平貞道《たいらのさだみち》主従はこれを怪しみ、警戒しつつ袴垂の脇を過ぎたが、見ていた人々は貞道主従を憶病者扱いした。その直後に一人の武者が単騎で不用意に死人を装った袴垂に近づき、殺害されたという。ここでの主題は、武勇にくわえ用心の配慮（智恵）を心得た平貞道と、これを欠いた武者との対比ということになる。

この貞道は坂東八平氏《ばんどうはちへいし》の一流、源頼光《みなもとのよりみつ》の四天王の一人としても有名である。父は関東武士の祖ともいうべき村岡《むらおか》五郎良文《よしぶみ》である。良文は村岡（岳）の名字が付されるように、武蔵《むさし》（熊谷方面）あるいは相模《さがみ》（藤沢方面）に開発の基盤を有した「兵」とされる（この良文については次章でふれる）。ちなみに、この袴垂の説話に登場する貞道は、まさに父祖以来の「兵」の系譜に属していた人物で、別に碓氷《うすい》貞道の名もあるように、碓氷にも関係していた。武蔵から上野《こうずけ》方面での伝承もふくめ、その広域的活躍の状況はこれまた「兵」の立場にふさわしい。

それはともかく、彼は〈武〉を継承する「兵の家《つわもの》」の出身であった。

すでにふれたが、「兵」が律令制下の「兵士」と区別されるのは、これが社会的・実態的呼称としてこの時期に登場してくるという点であり、「兵」が「兵」たることの要件は、その社会性にあった。別の言い方で表現するならば、「兵の家」として社会的に認知されることが必要とされた。「兵」としての社会的認知、それは「武力」であり、民衆レベルで共有された「智恵」であり、そして「兵の家」への帰属であった。真の「兵」とはこの三者が具備されることで、社会も彼らの存在を認めた（拙稿「中世初期の武威と武力」『日本歴史』五三二）。

これらの点をふまえながら、以下ではその袴垂という大盗賊について、「兵の家」との関係でもう少し掘り下げておこう。

袴垂と保輔――アウトローの系譜

袴垂は時として藤原保昌《やすまさ》の弟保輔《やすすけ》と重ね合わせられる。そのためか「袴垂保輔」と呼称され、両者が同一人物のように解されもするが、分離して考えたほうがよさそうだ。ただし保輔が、兄の保昌とは対照的にアウトローの道を歩んだことからすれば、説話世界にのみ登場する袴垂という人物のなかに、保輔の分身が投影されていたであろうことも想像できる。

その保輔については『尊卑分脈《そんぴぶんみゃく》』に、「強盗の張本《ちょうほん》」「本朝第一の武略」「追討宣旨《ついとうせんじ》十五度」「禁獄自害」の記述が見える。官歴は正五位下、日向権介《ひゅうがごんのすけ》、右馬助《うまのすけ》。兄の保昌がのちに述べるように優等生の生涯を送ったのとは、まさに対照的だった。

その家系はまことにおもしろい。父致忠《むねただ》の弟陳忠《のぶただ》は、これまた『今昔物語集』に「受領は倒るるところに土をもつかめ」（巻二八―三八）で知られる人物である。この陳忠は時代の申し子ともいうべき受領の典型として描かれている。そして祖父の元方《もとかた》も、これまた説話世界では怨霊《おんりょう》となった人物として知られる（一五五ページの系図を参照）。

元方の娘祐姫《すけひめ》は村上天皇とのあいだに広平《ひろひら》親王を儲けていたが、師輔《もろすけ》の娘安子《あんし》の生んだ憲平《のりひら》（のちの冷泉天皇）が皇太子とされたために、悲嘆のうちに父娘ともに死んだとされる。『大鏡《おおかがみ》』などに載せられている元方の怨霊譚のルーツはこんなところだった。そうした事件がその家系に変調をもたらし、兄の保昌とは対照的に、保輔のようなアウトローを育んでいったのかもしれない。

その保輔に関して『宇治拾遺物語』（巻一一―二）に「盗人《ぬすつと》の長《おさ》」たる保輔が、自宅に物売りをよび寄せては、蔵の中に掘った穴につき落とすことを繰り返したとある。姉小路《あねこうじ》の南高倉《たかくら》にあったその家に入った商人は、再びもどることはなく、人々はこれをあやしんだが、身を隠すことが巧《たく》みな保輔を捕えることはできなかった、と。何とも奇怪な話だが、「盗人」保輔の真骨頂が語られていよう。

京中に「盗人」たちのネットワークをもっていた保輔にとって、各所に拠点があり、それだけに捕縛は難しかったのかもしれない。こうした行動が、袴垂のなかに投影されたのかもしれない。武略に秀いで豪胆なその姿に、反社会的な行動とはいえ、「兵」的要素が意識されたのであろう。割腹し腸を取り出し死ぬ場面を描く『続古事談《ぞくこじだん》』の説話的リアリティーも、「兵」のイメージを増幅させたようだ。

永延《えいえん》二年（九八八）六月十三日、保輔が藤原顕光《あきみつ》邸に籠居していることが判明し、捕縛に向かったことが見え、翌日には捕縛者への勲功のことが沙汰されている（『日本紀略《にほんきりやく》』『小右記《しょうゆうき》』など）。顕光については道長《みちなが》のライバルとして左大臣まで昇進した人物で、「悪霊の左府《さふ》」（『宝物集《ほうぶつしゅう》』）とよばれており、保輔の人脈の広さを物語っている。ともかく保輔の命運もこのあたりで尽きたようで、花園寺《はなぞのでら》で出家した保輔は、友人の藤原忠延《ただのぶ》に密告され捕えられ自害したという。捕縛のいきさつや死の模様については『続古事談』にくわしい。

ちなみに保輔が何歳で死んだかは不明だが、兄の保昌が天徳《てんとく》二年（九五八）の生まれであったことから、保輔の死んだ永延二年は保昌が三十歳ということになる。したがって弟保輔はこれより年下であったわけで、「盗人の長」「強盗張本《ちょうほん》」とされたその生涯は、存外短かったようだ。アウトローとしてのその活躍もせいぜい十年足らずだったことになる。

こうした謎にみちた保輔の短い生涯は、それを袴垂と同一人と仕立てる伝説を生んだと思われる。袴垂の場合は日記や史書には登場せず、『今昔物語集』や『宇治拾遺物語』などの説話集に限定される。袴垂についての話は、以前にもふれたように、関山で死んだふりをして、通りがかった武者を殺し衣服・武器を奪った話や、保昌をつけねらったもののその態度に威圧され、衣を与えられ温情をほどこされた話などが知られている。

とくに後者のそれは、保昌と袴垂両人の対比を通して、保昌の洗練された武威が袴垂の粗野な暴力を威圧する状況がストーリー化されているわけで、そこには「都の武者」（兵）たる保昌の活躍をつづるとともに、「家を継ぎたる兵」ではなかったゆえの特異性も指摘されている。

いずれにしてもこの説話では、袴垂の保昌との関係で副次的でしかない。しかし説話とはいえ、右の話がこれに類似する史実をふまえたとすれば、保昌と袴垂は兄弟ではなかったことになる。保昌が袴垂に与えた温情には、あるいは弟保輔と同じくアウトローたる袴垂への憐憫《れんびん》の想いが重ねられていたのかもしれない。

藤原保昌と「家を継ぎたる兵」

説話的世界では、袴垂を威圧・征服した藤原保昌は、後世の軍記作品に「田村《たむら》、利仁《としひと》が鬼神をせめ、頼光・保昌の魔軍をやぶりしも……」（『保元物語』上）とあるように、平安武者の原点に位置づけられる人物だった。弟の保輔とは対照的だった保昌とは、どんな人物なのか。

天徳二年（九五八）から長元《ちょうげん》九年（一〇三六）の生存期間は、ほぼ道長の時代と重なる。事実、保昌は道長とその子頼通《よりみち》の家司《けいし》をつとめ、摂関家と近い関係にあり、大和・日向・肥前・摂津・丹後などの国守《こくしゅ》を歴任した。摂津の平井に住したため、のちに平井保昌ともよばれた。南家武智麻呂《むちまろ》流。辞典風に略名を記せば、右のようになる。『尊卑分脈』には「勇士武略之長」と記されており、史実においても兵・武者としての風貌があったようだ。

保昌の妻は有名な和泉式部《いずみしきぶ》で、才知と美貌の持ち主として知られた彼女は、寛弘《かんこう》六年（一〇〇九）ころに道長の娘彰子《しょうし》のもとに出仕しており、保昌との出会いと結婚もこのころだったという。ちなみに「百人一首」にも載せる「大江山いくのの道の遠ければまだふみも見ずあまの橋立」との機知に富む秀歌は、娘の小式部内侍《こしきぶのないし》のものだが、母の和泉式部が夫保昌の任国丹後におもむいたおりに、藤原定頼《さだより》のからかいに対し、母の和泉式部からの自立の証《あかし》として詠んだものとされる（『十訓抄《じっきんしょう》』第三）。

右の話から国司の遥任《ようにん》が一般的でもあったこの時期にあって、保昌は丹後国に赴任・下向《げこう》していたことは興味深い。この時期の受領の地方赴任に際しては、『朝野群載《ちょうやぐんさい》』（「国務条々」）に郎等《ろうとう》を連れて行くことの肝要さを指摘しているが、強盗・盗賊が横行している現実のなかで、武力・武備への要請は高かったことも当然だった。保昌の場合、文人出身であったが、他方で武人としての気質をあわせもっていたがゆえに、「勇士武略之長」とたたえられたのだった。

ただし、そうした勇士だとしても、「家を継ぎたる兵」でなかったことが、「但し子孫の無きぞ、家に非《あら》ぬ故《ゆえ》にやと、人云《いい》けるとなむ語り伝へたるとや」（『今昔』巻二五―七）と評されており、「兵の家」たることが、その出自を語る証だった。その意味で、「家」というある種の「出生証」（社会・民衆レベルでの認知）が「兵」たることの要件でもあった。つまりは、「兵の家」や「武器の家」以外の人間の武勇は、反社会的行為として糾弾されることもあった（高橋昌明「騎兵と水軍」、『日本史』2、有斐閣、一九七八年）。

「都の武者」

ところで、保昌の丹後下向の話でいえば、保昌の人となりを知る次の話もおもしろい。

同じく『十訓抄』（第三）に載せるもので、『古事談』（第四「勇士」）にも同類の説話が見えている。保昌が任国丹後に下向のおり、与謝山《よさやま》で騎乗のままの白髪の老武者に出会う。郎等たちは礼を失したこの人物を「奇怪なり」と咎《とが》めようとしたが、一騎当千の馬の立て様から保昌は、「ただものにあらず」と見抜き通過したという。やがてしばらくして多くの従者を率いた左衛門尉 平《たいらの》致経《むねつね》に行き会い、老武者がこの致経の父致頼《むねより》であることを知ったというものだ。

この説話の主題はいうまでもなく、〝己を知る者は敵を知る〟（勝《すぐ》れた武者を見通した保昌もまた勝れた武者）という点にあった。「保昌かれが振舞を見知つてさらにあなづらず。郎等をいさめて無為也けり。いみじき高名也」との保昌の武勇への賞讃にあった。

右の説話で保昌と致経が出会う場で、致経は父致頼を称して「堅固《けんこ》の田舎人にて子細をしらず、さだめて無礼をあらわし候つらん」（頑《かたく》なな田舎者できっとご無礼をはたらいたことでしょう）と語っている。「兵は兵を知る」のたとえよろしく、保昌の真の兵を見抜く眼力についてはすでに何度かふれた「智恵」を前提として生まれたものだろう。説話作者が保昌をして「いみじき高名」と賞讃したその行為は、「両虎たたかふ時はともに死せずと云《いう》事なし」との場面で、無駄に流血しない「智恵」の保持が大切だったことになる。

保昌に父致頼の無礼をわびたその致経とは、のちに紹介するように「都の武者」として名高い人物で、宇治関白藤原頼通《よりみち》の侍《さむらい》でもあった。以下では、その「都の武者」について考えてみたい。保昌と致頼が遭遇したことを記す『十訓抄』にはまた「頼《より》信《のぶ》、保昌、維衡《これひら》、致頼とて、世に勝れたる四人の武士也」とも彼ら武者たちのことを評している。

頼信は河内《かわち》源氏で平忠常《たいらのただつね》の乱の平定者として知られ、その子孫は頼義《よりよし》・義家とつづき、やがて頼朝へとつながる流祖にあたる。『尊卑分脈』によれば、

平致頼、致経、維衡の系図

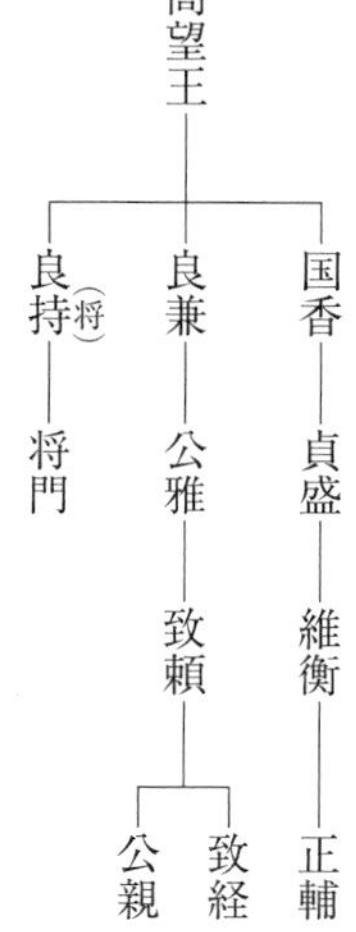

頼信の母は保昌の妹であり、興味をそそられる。摂関家を取り巻くようにして、保昌や頼信などの武的な受領クラスが血縁的ネットワークで結ばれていたことがわかる。このことはたとえば、頼信の息《そく》源頼義と貞盛《さだもり》の子孫平直方《なおかた》の娘とのあいだに誕生したのが義家であったことからも理解できるように（『陸《む》奥《つ》話《わ》記《き》』）、「都の武者」たる彼らのネットワークは、「家を継ぎたる兵」の自覚のなかで養成された。

ちなみに保昌の場合、個人レベルでは「兵」の名に恥じない力を有しつつも、源平両氏という後世の名を得た武士の家系からは異質の評が付きまとっているようだが、「勇士武略之長」と見えており、「兵」たることは動かない。

維衡についてはどうか。右上の略系図を参照していただければわかるように、天慶《てんぎょう》の乱の功労者平貞盛の子であり、その末裔は伊勢平氏の清盛へとつづく。彼もまた保昌と同じく「都の武者」として京都で活躍した「兵」だった。彼はまた長徳《ちょうとく》四年（九九八）に伊勢を舞台に平致頼と私闘を演じた人

物としても知られる。

藤原行成《ゆきなり》の日記『権記《ごんき》』には、「前下野守《さきのしもつけのかみ》維衡、散位《さんに》致頼数多《あまた》の部数を率い、年々の間、伊勢国神郡に住す。国郡のために多くの事の煩《わずら》い有り」（長徳四年十二月十四日条）と見える。この維衡と致頼の「長徳の闘諍」事件については、『今昔物語』（巻二三―一三）にも載せられており、両者の敵人関係の様子が語られている。伊勢国での闘諍事件は致頼・維衡の双方がそれぞれ隠岐・淡路へ配流されることで決着をみたらしい（『小右記』『御堂関白記《みどうかんぱくき》』）。

「世に勝れたる四人の武士」と『十訓抄』に語る王朝の武者たちの実態は、当時「都の武者」とよばれた。摂関家などと私的に結びつくことで、彼らはその武的基盤を強固なものとした。場合によっては、自己の勢力拡張のために私闘を繰り返すこともしばしばあった。あるいは、自己の郎等たちは他の権門への傭兵的武力としても利用された（福田豊彦『中世成立期の軍制と内乱』吉川弘文館、一九九五年。高橋昌明『清盛以前』平凡社、一九八四年）。

源義家の系図

平貞盛………直方――女
　　　　　　　　　　　‖――義家
源経基………頼信――頼義

たとえば天延《てんえん》二年（九七四）の祇園社《ぎおんしゃ》の所属をめぐり興福寺と延暦寺の抗争に取材した『今昔物語集』（巻三一―二四）にも、祇園社側が雇った兵として「公正《きみまさ》、致頼《むねより》と云ふ兵《つわもの》の郎等共を雇《やとい》寄せて、楯を儲け、軍《いくさ》を調々《ととのえて》侍《はべり》ける間に……」との記述があり、公正（雅）・致頼親子が、求めに応じ自己の郎等を傭兵として貸し出していたことがわかる。

保昌の場合もそうした「都の武者」の一般的性格から判断して、多様な側面を有していたにちがいない。同じ家系ながら弟の保輔がアウトローとして名を馳せたことは、このことの証明でもあった。体制への順応と反逆は、「兵」にとって表裏の関係だったのである。

「王朝武者」の来歴

ところで保昌をふくめ紹介した四人の「兵」たちにおおむね共通するのは、その系図からもわかるように、天慶の乱（将門の乱）での武功者たちの子孫だったという点だろう。ここでおおむねと表現したのは、そこには保昌は入っておらず、武勇の要件は備えていたとしても、他者とはその来歴をいささか異にした。頼信の父祖経基《つねもと》、致頼の父祖良兼《よしかね》、そして維衡の父貞盛はいずれもが、将門の乱あるいは純友の乱で活躍した武功者であり、その多くは乱鎮圧の功により五位以上の位階を授与された者たちだった。

一般に五位の位階は律令制度では「通貴《つうき》」と称され、広く貴族として扱われる。鎮守府《ちんじゅふ》将軍や諸国の受領ポストが鎮圧の功労者に分与されたが、こうした官職も位階に対応したものだった。天慶の乱での功労は、この官職・位階の授与という形態を取ったが、武功者の子孫たちのなかには父祖の武功を利用しつつ、中央へと進出する者もいた。「都の武者」にはそうした来歴を有する者が少なくなかった。彼らは自らの勢力拡大をはかり、摂関との関係を強める方向をめざした。致頼と維衡の両人が伊勢を舞台に闘争を繰り返したのも、その勢力基盤をめぐる利害の対立にあった。

ちなみに「家」の本義は、貴族（＝五位以上）の領有物たるところにあった。そのかぎりでは、職能による血脈の継続性にくわえて、身分的区別もまた「家」を構成する要件だったわけで、「家を継ぎたる兵」の中身には、右の二つが必要だった。「世に勝れた四人の武士」たちは「都の武者」として、武勇・武力という職能面と身分面での血統性を保有していたことになる。もちろんこの二つの要件のゾーンは必ずしも厳密ではなく、無位・無官の者でも父祖の余光があれば、兵や武者と呼称されることもあったと思われる。

『十訓抄』で四人の王朝武者を「世に勝れたる四人の武士」と呼称するのは、本説話集が鎌倉期の成立にかかることとも関係あるだろう。さらに、制度的身分として武士が定着する武家政権の下では、この兵の系譜に由来する者も多く、兵・武士の呼称の別もなくなったのだろう。

維衡にしろ保昌にしろ、彼らが「いみじき高名」の存在であったのは、中世的価値観としての「智恵」を共有し、粗野と洗練の両極を体現した「兵」であったからにほかならない。王朝時代の中世初期は、社会諸分野での職能にもとづく〝請負制〟の原理が広がりつつあった時代だった。

統合化された律令的な〝総合の古代〟は終わりをむかえ、都鄙《とひ》間相互では地域的個性が発芽する時代が到来しつつあった。職能に見合う家々が形成された平安中期には、まさに武力という職能に見合うかたちで「兵の家」が形成された。保昌に代表される「都の武者」も兵であったが、武力を請負い職能としてこれを継承する子孫がいなかったがために、武士という身分表示にまではいたらなかった。「兵」が武士として身分的・体制的に成立したとき、中世は成熟の時代をむかえることになる。彼らの多くが地域・地方の「住人」として領主的風貌を明確にさせたとき、階級的自覚も高まる。このような意味で、兵・武者は武芸的職能者としての側面からの呼称であり、在地領主制以前の武的領有者の汎称《はんしょう》とする考え方が妥当といえる（拙著『武士の誕生』日本放送出版協会、一九九九年。のちに講談社学術文庫、二〇一三年）。

袴垂や保昌が登場した平安中期は、武力が職能として普遍性をもち得る段階のなかで、社会が認知する洗練された武力（兵の家）が登場してくる時代だった。「兵」と呼称された武力の領有者は、その武威を地方の場で発散・育成することで、自己の領主化の方向とした。広汎なる武士の時代の到来は、まずはこの「兵」たちの段階を経過することで本格化する。

「兵の道」のしたたかさ

ここで「兵の道」と呼称されるものの中身についても、説話からさぐっておこう。

「紀伊国《きいのくに》の晴澄《はるずみ》、盗人に値《あ》ふ語《こと》」（『今昔』巻二九―二一）と題する話は、これを的確に語ってくれる。紀伊国伊都郡《いとのこおり》に坂上《さかのうえの》晴澄という者がいた。平維時《これとき》の郎等でもあった晴澄は、日ごろから「兵の道」を心懸けていた。ある用件で上京したおり、騎馬の公達《きんだち》に扮した盗賊団に出くわし、彼らの計略にひっかかり晴澄主従は身ぐるみはがされてしまう。晴澄はこれを恥じ、以後「武者」として世に立つことはしなかった、と。

ここで「其れより後は、武者も立てずして、脇乗の者に成りてなむ有りける」（以後は一人前の武者振りもせず、脇乗りに甘んじる）との行為を晴澄にとらせた理由が、「兵の道に極めて緩無《たゆみな》」かった彼が、油断をしてすべてを奪われたことにあった。

「我が兵の道に不運なるを致す所なり」とは、ほかならぬ晴澄の述懐だったが、そこには自己の行動に対する責任への自覚がある。結果に対する責任の負い方といってもよい。「然れば、前追ふ人に値ふとも、吉く用意すべきことなりとなむ、語り伝へたるとや」との評が示すように、いかなる状況に対しても万全の用意を怠ったことへの戒めであり、最終的にはそれは「智恵」の問題にもつながる場面だった。

ここまで書けば、「兵の道」とはまことにカッコよいことになる。だが、よく考えてみると、これは場合によっては「智恵」と連動するという点で、結果主義が内包するある種の没倫理的な背徳の要素もあった。正々堂々の武者ぶりのみが、この時期の「兵の道」ではない。自己の名誉のためには

〝恥の量〟を算術的に相殺することすらあり得た。この坂上晴澄の臣従した平維（惟）時の祖父貞盛について、次のような説話（『今昔』巻二九—二五）もある。

矢疵《やきず》が悪化した貞盛は、医師に胎児の生肝以外に良薬のないことを告げられ、自分の息子の維衡の妻の腹を割こうとした。息子もこれを黙認する。話の顚末《てんまつ》は別にしても、何とも恐ろしく、利己的にすぎる行為にちがいない。

「『我が瘡《かさ》は疵にて有ければ、児干《ちごのきも》をこそ付《つけ》てけれ』と世に弘ごりて聞えなむとす。公《おおやけ》も我れをば憑《たの》もしき者に思《おぼ》し食《めし》て、夷《えびす》乱れたりとて、陸奥の国へも遣《つかわ》さむとすなり。其れに『其の人にこそ射られにけれ』と聞えむは極き事には非《あら》ずや」〈わたしの瘡は矢疵によるものだから胎児の肝をつけたと世間に知れ渡るにちがいない。朝廷も自分に期待しており、夷の反乱で自分を陸奥に派遣しようとしている。それなのに、私がだれ某に射られ負傷したとの評判がたっては大いなる恥となろう〉

貞盛が胎児の生肝を入手しようとする目的は、自己の恥を隠すためである。矢疵が膿《う》んだという評判が立っては、自分の武名（名誉）にかかわるというものだった。名誉のためには、手段は必ずしも問うところではなかった。没倫理の意識もまた「兵の道」には内包されていたのだった。「智恵」に結びつく「兵の道」が有した正負両者の側面を見すえる必要がある。

「公も我れをば憑もしき者に思し食て」とある貞盛の「公」に対する意識こそが、倫理的観念から決別したところで成立した「兵の道」でもあった。胎児の生肝の入手という非人道的批難と、「公」

からの期待という両者の〝度数〟を計算してしまうある種の〝逞《たくま》しさ〟、これも「兵」の道だった。
それは自己に課せられた〝期待値〟をまっとうするための功利的打算の世界なのであり、この乾いた意識が、「智恵」として「兵の道」に矛盾なく同居していた点を確認しておきたい。前述した主従関係における柔軟性も、この点と無関係ではない。武士の時代たる中世が内包した価値の相対性——別言すれば、それは中国を範とした律令的原理の喪失がもたらした価値基準の転換だったが——とは、これに先行する王朝国家の「請負」原理が胚胎させた、結果主義にもとづく価値意識の多様性を前提とした。

王朝国家、それは〝お手本〟なき中世日本の前身であり、「智恵」とは〝お手本〟なき時代のこの時期の社会が生み出した観念の所産だった。「兵の道」も価値の相対性なり多様性なりを社会が共有することで成立した。「智恵」が「兵の道」と同居し得たのも、これが価値の相対性を担保させるうえでの根源的問題であったことによるのだろう。

ついでにいえば、後世の「武士道」とは対極に位置した世界であり、似て非なるものが「兵の道」であった。近世的な『葉隠《はがくれ》』の「武士道」が「死ぬこと」をもって本義としたとすれば、中世的な「兵の道」は「生きること」、あるいは「生き抜くこと」に意味を見出そうとしたともいえる。もちろん『葉隠』的「武士道」は極端な韜晦《とうかい》意識の所産であって、「生きる」ことそれ自体を否定したわけではない。けれども、やはりそこには一線を画されるべきで、倫理的湿気を帯びた世界と「兵の道」

は異なるものがあった。

都大路の暗殺者

次に示す平致経《たいらのむねつね》に関する話（『今昔』巻二三―一四）は、こうした「兵」の生態をよく語る典型的な内容だろう。

今は昔、宇治殿の盛りにおはしましける時、三井寺《みいでら》の明尊僧正《みようそんそうじよう》は御祈の夜居《よい》に候《さぶらい》けるを、御《み》燈油《あかしあぶら》参らざり。……俄《にわ》かにこの僧正を遣《つか》はして、夜のうちに返りまゐるべきことのありければ……。その時に左衛門尉《さえもんのじよう》平致経が候ひけるを「致経なむ候ふ」と申しければ、殿、「いとよし」と仰せられて、……「この僧都《そうず》、今夜三井寺に行きて、やがて立ち返り、夜の内にここに返り来らむずるが様、そこに慥《たし》かに供《とも》すべきなり」と仰せ給ひれば、致経その由を承りて、常に宿直《とのい》處《どころ》に弓胡籙《ゆみやなぐい》を立て、藁沓《わらぐつ》といふ物を一足畳《たたみ》の下に隠して、賤《いや》しの下衆《げす》男一人をぞ置きたりければ、これを見る人、「か細くてもある者かな」と思ひけるに……。僧都出でて、「彼れは誰《た》そ」と問ふに、「致経」と答へける。

僧都、「三井寺へ行かむとするには、いかでか、歩《かち》より行かむずる様にては立ちたるぞ、乗物の無きか」と問ひければ、致経、「歩より参り候ふとも、よもおくれたてまつらじ。ただ疾《と》くおはしませ」と云ひければ、僧都、「いと怪しきことかな」と思ひながら、火を前《さき》にともさせて、七八町ばかり行くほどに、黒ばみたるものの、弓箭《きゆうせん》を帯せる、向かひざまに歩み来れば、僧都これを見て恐れ思ふほどに、この者共致経を見てつい居たり。「御馬候ふ」とて、引き出でたれば、夜なれば、何毛とも見えず。……胡籙負ひて馬に乗りける二人うち具しぬれば、たのもしく思ひて行くほどに、また二町ばかり行きて、傍よりありつるやうに黒ばみたる者の弓箭帯したる、二人出で来て居ぬ。……また二町ばかり行きて、ただ同様にて出で来てうち副《そ》ひぬ。かくするを、致経南とも云ふことなし。また、このうち副ふ郎等《ろうとう》共に云ふことなくて……川原出で畢《は》つるに、三十人になりにけり。僧都これを見るに、「奇異《あさま》しき為者《しわざ》かな」と思ひて、三井寺に行き著《つ》きにけり。

仰せたまひたることども沙汰して、未だ夜中にならぬ（欠字）参りけるに、後前《しりさき》にこの郎等ども……川原までは行き散ることなかりけり。京に入りて後、致経はともかくも、云はざりけれども、この郎等共、出で来し所々に二人づつ留まりければ、殿いま一町ばかりになりにければ、初め出で来たりし郎等二人の限りになりにけり。……僧都これを見て、馬をも郎等どもをも、かねて習《ならわ》し契《ちぎ》りたらむやうに出で来る様の、あさましくおぼえければ……この致経は、平致頼《むねより》と云ひける兵《つわもの》の子なり。心猛《たけ》くして、世の人にも似ず殊《こと》に大いなる箭《や》射ければ、世の人これを大箭《おおや》の左《さ》衛門尉《えもんのじよう》と云ひけるなりとなむ、語り伝へたるとや。

引用が長くなったが、おおよその筋は以下のようになろう。

〈宇治殿藤原頼通の護持僧で明尊僧正なる人物がいた。頼通はこの明尊を三井寺に遣わす用事を思い立ち、急ぎ護衛をつけ送り届けるように命じた。そのおり、頼通の侍であった平致経が参じその命を受け、下衆男一人を伴い家を出た。胡簶を所持した致経は明尊を馬に乗せ、徒歩《かち》姿で三井寺に向かった。心細く思いながらも七、八町ばかり行くと、致経の配下らしき郎等が現れ、用意した馬に彼を乗せ、さらに二町進むごとに郎等が二人ずつ姿を現し、鴨川付近に至るまでに三十余人にもなった。明尊はこれを見て、「奇異《あさま》しき為者《しわざ》」と感心しながらも三井寺に着き頼通からの用事をすませたのち、再び夜のうちに帰京の途につき、ここでも前後を致経の郎等たちが彼を護《まも》り、心強く思っていた。彼らは入京後は致経が特別な命令を下さずとも、一人消え、二人消えしてやがて宇治殿の屋敷の一町ばかり手前のところでは、当初の郎等二人だけとなった。屋敷の門前で彼らも姿を消し、出発した時と同じく致経と下衆男だけとなった。明尊はこうした致経主従の行動に大いに驚嘆したという。〉

明尊僧正ならずとも不気味な「兵」たちの姿に〝暗殺者〟的イメージも浮かんでこよう。もっとも明尊自身がこの致経とその郎従に感じたのは、黙々と自己の使命を忠実に果たした彼らの行動であったわけで、これを不気味と感ずるのは現在のわれわれの感覚なのかもしれない。闇が闇として存在した平安時代、都にあってもこの闇夜への恐怖は同様だった。この時代、夜は鬼が、悪霊が、あるいは物怪《もののけ》が横行する時間でもある。人々は少なくともそう信じていた。

頼通の護持僧として不寝番をつとめた明尊（小野道風《おののとうふう》の孫で第二九代の天台座主《てんだいざす》）も、貴人を守護するために伺候《しこう》していた人物だった。これが加持《かじ》や祈禱《きとう》に代表される呪術面で頼通を守護する役目を帯びた人物とすれば、この説話での主役致経は武力面で頼通を守る人物ということになろう。この致経が「兵」たる面目にかけて、明尊を三井寺に送り届ける役目を負わされる。この説話の主題は明尊の体験を通じて頼通の侍たる致経主従の規律ある行動を描くところにある。

明尊を万全の態勢で警護する致経の「兵」としての立ち居振舞いにくわえて、有事に備え隠密裡に従者を配備した武人の平素の用意のありさま等々、この説話がわれわれに伝える「兵」世界はたしかに興味深いものがある。ここには致経の個人的な武芸の問題は見えない。見えるのは殺人集団ともいうべき致経配下の郎等集団の規律ある動きだ。

「黒ばみたるものの、弓箭を帯せる」と表現された彼らのこうした動きは、この説話に限ったものではない。たとえば『十訓抄』に載せる義家に関する次の話も参考となろう。

義家が堀河右府《うふ》（源俊房《みなもとのとしふさ》）のもとで囲碁を打っていたときのこと。盗賊が邸《やしき》に侵入した。義家が伴《とも》とした雑色《ぞうしき》に「八幡殿《はちまんどの》のおはしますぞ」と伝えさせると、これに恐れをなした盗賊は取りおさえられたという。そして、その直後「其間近辺の小家にかくしをきける郎等四五十人ばかり出来《いでき》て」盗賊を連行したと記されており、義家もまた、緊急の事態に即応できるように、自己の身辺に従者たちを配備していたことがわかる。そこにはまた「ひごろ一切かかる武士等人に見えざりけり」（第一「可施人悪事」）ともあり、こうした郎等集団のあり方に、前述の致経のそれと同様のものを連想させる。

平致経の周辺

ところで、致経とはどんな人物か。すでにふれたように、彼の父致頼は平維衡と長徳四年（九九八）伊勢で激しい私闘を演じた「兵」として種々の史料に登場する。よく知られているように、維衡の流祖の貞盛《さだもり》は国香《くにか》の子息で将門を討滅した人物である。対する致頼の場合も、父の公雅《きみまさ》は貞盛と同様に将門追討に功を立てた人物だった。両者ともに坂東平氏に出自を有したが、将門の乱での鎮圧・武功は貞盛流、公雅流両者の勢力争いに拍車をかけた。

致経については、一面で『詞花集《しかしゅう》』（巻九　雑上　三三六）の作者としても知られる。「君引かずなりなましかばあやめ草いかなるねをかけうはかけまし」。この歌が秀歌かどうかを判ずる能力はないが、その方面の才にもめぐまれた人物だったことは間違いなさそうだ。それはともかく、彼はたしかに「都大路の

桓武平氏の略系図

桓武天皇……平高望
- 国香—貞盛—維衡—正輔
- 良兼—公雅—致頼
  - 致経
  - 公親
  - 公致
- 良持（将）—将門

暗殺者」だった。父致頼がそうであったように「兵の家」の出生証をもった致経は、多くの郎等を手足のごとく使う武者であった。

有名な話がある。『左経記《さけいき》』（源経頼《つねより》の日記）の治安《じあん》元年（一〇二一）六月三日条には「内匠允《たくみのじよう》公親《きみちか》の仰せに依つて、先年一条堀川の橋上において、滝口信乃介と云ふ人を殺害す。また去年致経の仰せに依つて、東宮《とうぐう》の史生《ししよう》安行を殺害す。兼ねてまた東宮亮《とうぐうのすけ》惟憲《これのり》朝臣《あそん》を殺害せんがために、三ケ夜伺い求むると雖《いえど》も、その便無きに依つて、遂げずして帰り去りおわんぬ」とある。ここに登場する公親とは前記の系図からもわかるように、致経の弟である。

この記事は検非違使《けびいし》に逮捕・訊問された致経の郎等が犯行を自白した一節だが、郎等を駆使し殺人を重ねた致経兄弟の姿が想像されよう。暗殺のために「三ケ夜」にもわたり相手をつけねらう執拗さは、明尊僧正を三井寺に送り届けた致経主従の不気味さと一脈通ずるものがあるはずだ。『今昔』に描かれた「兵」致経の姿にさほどの誇張はなかったかもしれない。

「殺人の上手」

こうした「兵」のもつドライな面は、致経に限ったことではない。王朝国家の基本的原理が〝請負制〟にあったことはすでにふれたが、「兵」なり「武士」とは〈武〉を請負う存在ということになる。

この〈武〉の請負いは、時として殺傷をも辞さぬ殺し屋的風貌を彼らに付与した。この致経と同時代の「兵」源頼親《よりちか》（満仲《みつなか》の子で頼光・頼信の兄弟）は道長の日記『御堂関白記』にも「件《くだん》の頼親は殺人の上手《じょうず》なり」（寛仁《かんじん》元年三月八日条）と記されるほどの人物だった。

その意味では、「内裏《だいり》にこそ武士共《ども》のし出したる事もなくて、官加階を成るなれ。人をおほく殺《ころし》たる計《ばかり》にて官加階をならんには……」と語る『平治物語《へいじものがたり》』（「信西《しんぜい》の子息尋ねらる、事」）の一節も、またこうした彼らの生態をよく伝えていよう。

「殺人の上手」「人をおほく殺たる計」との表現が、この時期の武者たちが共有した〈武〉の側面でもあった点は留意されてよいだろう。華々しい武士の活躍を『平家物語』的ロマンとの同居のうちに語ることは自由だが、彼らが存在として併有した負の側面も考えねばならない。

次に紹介する「頼信《よりのぶ》の言《こと》に依《よ》りて平貞道《たいらのさだみち》、人頭《ひとのかしら》を切る語《こと》」（『今昔』巻二五—一〇）もそうした「兵」の姿を映し出す内容といえる。ここに登場する源頼信は（河内殿）、長元の乱（平忠常の乱）を平定した人物であり、前述の頼親とは兄弟の関係にある。そして平貞道は以前にも「智恵」ある「兵」の典型として登場した人物である。例の怪盗袴垂が鈴鹿山中で死人を装ったおり、危険を察知して無事通過したというあの話の主人公である。

今は昔、源頼光《みなもとのよりみつ》朝臣の家にして、客人数《まろうどあまた》来て、酒呑み遊けるに、弟の頼信《よりのぶ》朝臣も有けり。其《そ》れに頼光朝臣の郎等に、平貞道と云兵《いうつわもの》有けり。

其の日、貞道瓶子《へいじ》を取て出来《いでき》たりけるに頼信朝臣、客人共も聞くに、高やかに貞道を呼び向けて云様《いうよう》、「駿河国に有《ある》□と云《い》ふ者の、頼信が為に無礼《むらい》を至す。しゃ頸取《くびとり》て得させよ」と。貞道此《これ》を聞て思様《おもうよう》、「我れ、此の殿《との》は此《かく》て候《さぶら》へり。其御弟に御座《おわします》れば、現《あらわ》に一家の主也《あるじなり》とは云へども、未だ参《まい》り仕《つかまつ》りなどは不為《せず》。其れに、此様の事は、我れを宗《むね》と憑《の》む人にこそ云へ。亦此《かく》て此《こ》の殿に候へば、其れを睦《むつ》びて云ひ付《つけ》らる可《べ》くは、呼び放て忍《しのび》やかにも宣《のたま》はずして、此許《かばかり》の人の多かる中にて、人の頭取る許《ばかり》の事を高く宣ふべき様やは有る。嗚呼《おこ》の事をも宣ふ人かな」と思ければ、墓々《はかばか》しく答へも不為《せず》で止《やみ》にけり。

其後三四月許過《ばかりすぎ》て、要事有て、貞道東国の方《かた》に行《ゆき》にけり。彼の頼信朝臣の云付《いいつけ》し事は、其の日、「由無《よしな》し」と思ひければ、思だに出さで忘れにけり。而《しか》るに、貞道行ける道に、彼の頼信朝臣の云ひ付けし男合《あい》にけり。……今打過ぎむと為《す》る程《ほど》に、此《こ》の男の云《いわ》く、「然々《しかじか》の事や承り給ひし」と。……「たとひ彼の殿の宣《のたま》ふ事を去り難く思《おぼ》して、此の事をせむと思すと云ふとも、己等《おのれら》許《ばかり》になりぬる者をば、心に任せて為《し》得《え》給はむずるかは」と頰咲《ほほえみ》て云に……「目ざましくも云ふ奴かな。いざ然《さ》は、同くは此奴《こやつ》射殺して頸取て、河内殿《かわちのとの》に奉らむ」と思ふ心出来て、言少《ことすくな》に成《なり》て、「然らば」とて打過ぬ。

後少し隠るゝ程に、貞道郎等《ろうとう》共に其心を知せて、馬腹帯《うまのはらおび》結ひ、胡籙《やなぐい》などかひつくろいて、取て返して追行きけるに、……箭《や》一度だに不射《い》で、逆様《さかさま》に射落《いおと》してけり。主《あるじ》射落されにければ、彼れが郎等共は、逃るは逃げ、射らるるは射られて、皆去《い》にけり。然れば其の男の頸を取りて、京に持て上《のぼり》て頼信朝臣に取らせたりければ、頼信朝臣喜て、吉き馬に鞍置《おき》てぞ禄《ろく》に取らせたりける……。

〈頼光の家に客人が集り、酒宴を催していたおりのこと。その場に列席していた弟の頼信に頼光の郎等平貞道は駿河国の某《なにがし》の殺害を依頼された。多くの人々の面前でこの申し出を受けた貞道は「自分は頼光に仕えている身であり、その上こうした重大な秘事を人々の前で告げるのは不都合きわまりないことだ。そのような大事は信頼のおける人物に秘かに話すべきで、困ったこと」と思い、明確な返答はしなかった。やがて数カ月後、貞道は東国に下向したが、そのとき、頼信から殺害の依頼を受けた人物と偶然出くわす。郎等を率いたその人物は、頼信による殺人依頼のうわさを聞き及んでいた。彼は貞道に「自分ほどの剛の者を殺せるはずもなかろう」と豪語するが、この言葉を聞いた途端、貞道は殺意がわき、その人物と別れた直後に郎等たちに自分の気持ちを知らせ、射殺してしまう。貞道は首級を都の頼信のもとに届け馬を禄としてもらった。〉

以上が概要である。「平かに過《すぎ》て行くべかりし奴の、由《よし》無き言を一事云て、射殺されにしかば……」との語りからもわかるように、殺し屋貞道の前で虚勢を張ったばかりに落命した人物の〝浅知恵〟、これが本説話の主題ということになる。ここにあっては人を殺した貞道、あるいはそれを依頼した頼信への批難はまったくない。むしろ殺された側の責任を問うこと、眼目はこの点にある。〝口は禍《わざわ》いのもと〟とでもいいたげな『今昔』作者の意識が強くにじんでいる。そのかぎりでは反社会的・反道徳的な行為からの防衛は、最終的に各人が自己の力量において果たすべきだとの徹底した個人主義的ドライな場面もうかがえよう。

それにしても、頼信あるいは貞道の会話に語られている殺伐たる描写はどうであろうか。まさに「殺人の上手」を地で行く彼ら「兵」の姿には、説話的世界での出来事として片づけられない臨場感がただよっている。「兵」が共有したこうした意識は、「死」というものを日常化することでしか生まれ得ない。戦闘のプロたる彼らは皮膚感覚で「死」と接することで乾いた感性も醸成されたのだろう。戦闘はいわば「死」を日常化させたわけで、前述の「兵の道」を併有した負の側面である。

殺し屋・平貞道の選択

この説話のおもしろさは、そのストーリー性もさることながら、そこに散りばめられた主従意識の問題だろう。具体的にいえば、平貞道と源頼光・頼信兄弟との関係である。貞道が頼信から殺人の件を依頼されたとき、「墓々《はかばか》しい答え」をしなかった彼の判断は次のとおりであった。

一つは、貞道自身はいまだ頼信に仕える関係にはなかったこと、それゆえに人選において頼信の従者のなかから人物を選ぶべきであること。そして二つには、依頼の仕方において、秘密裡に行うべきことを、衆目のなかで行う頼信の不見識な方法が納得できなかったこと。以上の二点だろう。けれども、後者の依頼の仕方云々については、人間性なり個々人の性格なりに帰されるべき問題だから、感情レベル以上のものではない。頼信からの殺人依頼への消極的対応は、やはり前者の理由に求めるべきなのであろう。

その場合、あくまで拒否ではなく、「墓々しい答え」を出さなかった貞道の態度こそが問われるべきだろう。そこには、頼光に仕えているが、状況によっては頼信との関係もあり得るということである。この多重的な主従関係のあり方は、王朝武者（兵）段階では一般的でさえあった。そこでは頼光との関係を第一義として、〝二君に相見《あいまみ》えず〟的倫理観念が尺度とはなっていない。貞道にとって主人と仰ぐ人物を選ぶ基準はたしかに存在しただろうが、それが頼信ではなかった理由は、たんに経験的（「未だ参《まい》り仕《つかまつ》りなどは不為《せず》」）な問題だったともいい得る。そのかぎりでは〝二君に相見えず〟的関係は、彼の主従意識を拘束したものではなかったと考えてよいだろう。

われわれは主従関係を考える場合、封建制が成熟した段階のそれを典型におき、これを初期の「兵」段階にまで敷衍する傾向がありすぎるかもしれない。後世の主従の倫理観念は別のところ収めたほうがよいかもしれない。「兵」段階での主従制は多面的だった。多面的とは、別言すれば契約的ということである。指摘されているようにそれは〝ルース〟な関係と表現できるものだ（高橋昌明『清盛以前』、前掲）。

ここでは主人を選ぶ場合の基準は、必ずしも二者択一と考える必要はなさそうだ。〝頼光か頼信か〟というよりも、〝頼光も頼信も〟ともに主と仰ぐことが許される状況を考えたほうがよさそうだ。前にふれたように、貞道が頼信の申し出に色よい返答をしなかったわけは、頼信を主人とすることが、頼光への裏切りとして意識されたことでの躊躇《ちゆうちよ》だったのではない。単純にそれは頼信との関係が仕事のうえで希薄だというのにすぎない。別の言い方をすれば、貞道が主人を選択するのはあくまで契約的要素に基づく〝量〟の問題なのであり、道義的要素が濃厚である〝質〟の問題ではないということだろう。その意味では定量的な主従関係、双務契約的な主従関係が、「兵」段階での主従制を特色づける中身だった。

またまたむずかしい表現を書き連ねてしまったが、もう少し続けたい。ここで説話が語る貞道の意識を〝頼光も頼信も〟というかたちで設定したが、その背後にあるものは頼光との関係が一時的な関係であったと理解される点だ。一時的な主従の関係なればこそ、弟の頼信の関係が成立する可能性がいつでも存在していたわけで、これは「兵」たる貞道の主体的意志にもとづく選択の問題ということにもなろう。

そこでは頼光から頼信へと主人を移す自由もあれば、両人双方に仕える自由もある。逆に〝頼光か頼信か〟という択一的主従関係の場合は、一方の選択が他方への裏切りというかたちで表面化するわけで、こうした関係が成立するには主従における恒常的関係が前提となる。

主従間の恒常的関係とは、最終的には封建制の問題でもある。鎌倉幕府の成立にともなう御家人《ごけにん》制の成立は、量的・一時的な平安期の主従関係を、質的・恒常的な関係へと転換させたということになる。「所領」を媒介とする御恩と奉公と表現されるこの関係は、王朝国家期の段階にあってはいまだ成熟の途にあったといってよい。

そこにあるものは「所領」の給与にもとづく恒常的主従関係よりは、「官職」の推挙という一時的関係であったと考えられる。後者の官職推薦権をふくめた種々の現物支給方式（たとえば説話では、貞道は頼信から殺人の報酬として馬を与えられている）を封建的給与にふくめ得るか否かは、議論の分かれるところでもある。「所領」にしろ「官職」にしろ、あるいは「恒常」的にしろ「一時」的にしろ、ともに契約を前提としていた点では共通しており、そこに古代的要素とは異質なものを確認することもできる。

その意味では何度も指摘するようだが、「兵」に象徴される王朝国家の段階は、封建的諸要素の萌芽が登場する中世的世界と理解できる。このことは、この時期における基本的原理が「請負制」と解されることとも無関係ではない。「一時」的契約関係とは、まさにこの「請負」により体現される場面ということもできる。「兵」段階に見られるこうした自由で一時的なルースな関係を「傭兵制」という概念で説明することもできそうだ。

「雇傭契約に基づく傭兵制は、国家強権の発動によって実現される徴兵制、所領給与と主従制の結合としての封建制と並ぶ、最も基本的で安定的な軍事制度」（福田豊彦「古代末期の傭兵と傭兵隊長」『中世日本の諸相』上、吉川弘文館、一九八九年所収）との指摘は、その意味で重要だろう。

つまり集兵のシステムという場面に限定した場合、徴兵制なり傭兵制あるいは封建制という三者の形態は、歴史的に洋の東西を問わず存在したわけで、傭兵制概念を徴兵制や封建制と同一レベルでの理念型として設定することで、「兵」段階に特徴的な軍制のあり方を封建的か否かにのみの議論から解放させてくれる。

この問題は、実は王朝国家概念の有効性云々という点にもリンクする。従来、平安後期以降の国家は律令国家から封建国家への過渡的性格のものとされてきた。その考え方の背後には、やはり封建制が尺度とされたことは否定できず、過渡期国家の固有の性格を具体的に理解するためには、封建制以前の独自の国家の形態が追究されねばならない。こうした観点から提起された学問上の概念、これが王朝国家の呼称だった。

都鄙往還

前章では「都《みやこ》の武者《むしゃ》」たちのドライな姿を説話から抽出しながら述べてきた。権門《けんもん》貴族の武的従者＝侍《さむらい》として、裏の世界で暗躍する姿について見てきた。本章では、彼ら「兵」（つわもの）たちが地方社会のなかで、どのような活躍をしたのか。都（中央）から鄙《ひな》（地方）への広がりについて考えてみたい。王朝国家時代の都と地方は思うほどには隔たっていたわけではなかった。前代に比べ、両者の距離は確実に狭まりつつあった。

都鄙往還――「兵」になりすました老法師

「兵《つわもの》」の武力を必要とする情況は都鄙《とひ》に共通していた。以下での説話の舞台は、都を離れて鄙《ひな》の世界であり、地方社会と「兵」との関係に目を転じてみたい。

ここでも『今昔物語集』を有効活用したい。伊佐入道《いさにゅうどう》という有名な「兵」になりすまし、海賊をみごとに撃退した「智恵《ちえ》」ある役人（講師《こうじ》）の話である（巻二八―一五）。例によって原文を紹介しよう。

今は昔、豊後《ぶんご》の講師《こうじ》□と云ふ者有りけり。講師に成りて国に下りて有りけるに、任畢《は》てにければ、亦《また》任をも延べむと思ひ、然《しか》るべき財共《たからども》船に取積《とりつ》みて京へ上《のぼ》りけるに、相知《あひし》れる者共の云ひける様《やう》、「近来《ちかごろ》、海には海賊多かなり。其《そ》れに、然るべき兵士《ひやうじ》も具《ぐ》せで、物をば多く船に取積みて上り給ふは、糸《いと》心幼き事なり。尚然るべからむ者共を語らひて、具して将《い》て御《おは》せ」と。講師が云はく、「事為《た》るや、錯《あやま》ちて海賊の物を我れは取るとも、我が物をば海賊取りてむや」とて、船に胡籙《やなぐい》三腰許《みこしばかり》取り入れて、墓々《はかばか》しき兵《つわもの》立《だ》ちたる者一人も具せで上りけり。

国々を通り持行くに、□程にて、怪しき船二三艘許《ばかり》後前《あとさき》に出で来たりぬ。……講師露《つゆ》動かず。……海賊に向ひて云はく、「何人の此《か》くは寄り坐《いま》するぞ」と。海賊の云はく、「侘人《わびびと》の粮《かて》少し申さむが為に参りたるなり」と。……「侘人など名乗れば、糸惜《お》しさに少しをも進《たてまつ》らまほしけれども、筑紫《ちくし》の人の聞きて云はむ様は『伊佐入道は其こ其こにて海賊に値《あ》ひて縛《いまし》められて、船の物皆取られにけり』とこそは云はむずらめ」と。「然れば、心とは否進《えまい》るまじきなり。能観《のうかん》既に年八十に成りなむとす。……然れば其こ達《たち》、疾《と》く此の船に乗り移りて、此の老法師の頸《くび》を掻《か》き切れ。……」と。海賊、此れを聞きて、「伊佐の平新発意《へいしんぼち》の座《おは》するにこそ有れ。疾く逃げよ己《おの》れ等《ら》」と云ひて、船を漕ぎ次《つ》けて逃げにけり。……

其の時に、講師、従者共に、「此れを見よ、己れ等。現《あら》はに我れや海賊に物取られたる」と云ひて、平らかに物共京に持て上りて、亦其の国の講師に更に成りて、下《くだ》りける度には、然るべき人の下りけるに付きて筑紫に下りて、道の事共を人に語りければ、「極《いみ》じき盗人の老法師なりや」とぞ、聞く人讃《ほめ》ける。「伊佐の新発意《しんぼち》と名乗らむと思ひ寄りける心は現《げ》に伊佐の新発意にも増さりたりける奴なりかし」と云ひてぞ人咲《わら》ひける。……

〈豊後国の講師であった老法師が再任を願うため財物を積み上京しようとしたが、仲間たちは「近頃は海賊が出没し危険であり、兵士も連れず海へ出ることは無分別すぎる」との忠告をした。しかし講師は「万が一、海賊の物を自分が取ることがあろうと、私の物は海賊に取られることがありましょうか」と豪語し、船には若干の兵具のみを積み込んだだけで、「兵立ちたる者」を一人も連れず出航した。その後、案のごとく海賊船に遭遇するが、侘人（貧窮者）を装う海賊たちに対し講師は機転をはたらかせ、「気の毒ではあるが、伊佐入道ともあろう人物が船の物を取られたと筑紫の人々に伝われば聞こえも悪い。自分から進んで差し上げるわけにもゆかぬので、まずは老法師の頸を取ってからにすべきだ」と語る。海賊どもは船に「兵」として名声が高い伊佐入道がいることを知り急ぎ退散するが、これを見た老法師は海賊どもをだましたことを満足気に語り、そのまま上京し目的どおり豊後国の講師に再任され帰国を果たした。下向《げこう》のおりには「然るべき人」を護衛につけ筑紫に帰ったが、途中での事を人々に語るにつけ「したたかな老法師であり、伊佐新発意の名を思いつくその心ざまは、伊佐入道以上だ」と人々は笑った。〉

「豊後の講師、謀りて鎮西より上る語」との題が示すとおりのストーリーで、主題は老法師の機知に富むユーモラスさにあったことはいうまでもなかろう。「兵」として高名な伊佐入道になりきる講師の言葉。これを真に受け退散する海賊たち。演出たくみなおかしみの要素がここにはたしかに見られる。

「極《いみ》じき盗人の老法師なりや」と人々が語る豊後の講師の存在に「智恵」ある者への称讃があったことは間違いないだろう。ちなみに、老法師は説話では豊後の国衙《こくが》の下級僧官であったが、彼がもち出した「伊佐入道」とはどんな人物なのか。伊佐の地名は常陸国新治郡《ひたちのくににいはりぐん》・伊佐荘《いさのしょう》に由来する。常陸大掾《ひたちのだいじょう》氏の一族に平為賢《たいらのためかた》がいる。彼は国香《くにか》の曾孫で繁盛《しげもり》の孫にあたる、まさに天慶《てんぎょう》の乱の功臣の末裔であった。この東国出身の「兵」は、後述するように刀伊入寇《といにゅうこう》で武功を立て、肥前方面に所領を与えられた。したがって、鎮西方面では為賢の武勇は広く知られていたわけで、老法師が自慢気にその名を宣したのは、異賊退治で名を馳せた、その人物の武威にあやかったのだった。

ここで重要なことは、天慶の乱の功臣の末裔が何ゆえに九州におもむき刀伊入寇で活躍したかという点だろう。為賢はおそらく「都の武者」として上洛、摂関家の藤原隆家《ふじわらのたかいえ》の侍として仕え、彼が大宰府に下向したさいに随兵として同行、そこで刀伊入寇事件に遭遇した。こんなところだろう。その点では、この説話は十一世紀前半の時期と推測できそうだ。それはともかく、東国の「兵」が「都の武者」になり、さらに鎮西への下向、その地で名士として活躍するというストーリーには、都鄙《とひ》往還の流れを読み解くことができそうだ。

「伊佐入道」について

ところで、興味深いのは海賊の難を忠告した人々の言葉が示すように、「然るべき兵士」を具すことの必要性だろう。ここから当時の物資輸送には、こうした「然るべき兵士」の同乗が不可欠であったことを知り得るが、この老法師はそれにもかかわらず「墓々しき兵立ちたる者一人も具せで」上京した。が、この説話のおもしろさは、この老法師自身はその必要性を認めていないわけではなかった点だろう。むしろ彼は自らが伊佐入道という高名の「兵」を演じることで、危機を脱したわけだし、さらに帰路にあっては「然るべき人」を護衛として付けているのも事実だった。

ところで、京都から筑紫への帰路、彼は右に見る「然るべき人」（兵）をどのように見つけたのだろうか。あるいは上京のおり、人々が彼に勧めた「然るべき兵士」とはどのような人間たちだったのか。これこそが前にふれた傭兵の問題だろう。早い話がこの老法師が扮した伊佐入道なる人物は、筑紫では高名の「兵」であり、海賊たちがその名を聞くや恐れをなしたのは、こうした「兵」が船に乗り込み護衛している状況が一般的だったことを前提にしなければ理解できまい。つまり中央・地方を問わず「兵」供給の場が用意されていることが、この説話を成り立たせる条件だったと考えてよい。

老武者松影の嘆き

次に紹介する有名な『高山寺本古往来《こおうらい》』（十世紀末から十一世紀初頭の成立）の一節もその意味でおもしろい。地方の「兵」の実情がよくわかるからだ。国衙より官米護送のため押領使《おうりようし》に選ばれた老武者が、その役目を辞退した書状で、内容はさほどむずかしいわけではない。参考までにあげておこう。

謹言、京上の官米の押領使を差し定めらるるの由、只今、税所《さいしょ》の判官代《ほうがんだい》のもとより申し来れり。松影《まつかげ》、まことに武者の子孫なりと雖《いえど》も、専《もっぱ》ら其《そ》の業《なりわい》を継がざるの上に、年老い、身貧しくして、一人の随兵を儲《もう》けず。もし非常臨時あらば、必ず嘲弄《ちょうろう》を招くべきか。早く申し停めらるれば、天幸々々、謹言。（原漢文、第五札）

〈謹んで申し上げます。京上官米護送の押領使の件について税所の判官代から連絡がございました。松影自身は武者の子孫ではございますが、武芸を継いだわけでもなく、老齢で貧しく随兵もおりません。もし何か事があった場合、他人の嘲《あざけ》りを受けましょう。どうか、押領使の件に関しては御免下さるようお願い致します。〉

少し噛みくだきすぎかもしれないが、内容はほぼ理解できるだろう。ある国の老武者が京都への官米輸送のために国衙の役人（税所の判官代）より「押領使」に任ぜられたが、老齢のうえに随兵もいないためこの任を果たし得ない旨を言上《ごんじょう》したという内容である。

ここに登場する「税所判官代」とは国衙の在庁官人であり、各国衙にあって税の徴収業務にあたる機関を「税所」といった。「判官代」はそこの役人である。また「押領使」は追捕使《ついぶし》・検非違使《けびいし》とともに国衙三使と称せられ、これまた地方の国衙で検断機能に従事する臨時の職掌で、ここに見るように官米輸送にたずさわった。「判官代」にしろ「押領使」にしろ、平安後期以降に種々の史料に登場する名称であった。こんな予備知識をもったうえで、いま一度史料にもどってみよう。

ここに語る内容はもちろん老武者松影の「押領使」辞退の弁ということになるが、実はこの書状のあとに国衙よりの返書が示されている。史料は提示しないが、その大意は次のように要約できる。返答を受けた国衙の官人は、国司《こくし》に松影辞退の報告をしたところ、国司は松影が代々官米運上の押領使としてその任にあたっていることを承知しており拒否（対捍《たいかん》）すべきではないこと。「随兵」については諸郡の兵船も数多くあるのでその任を務めるべきで、かりにも「将軍」とよばれる以上、拒むことは許されないこと、の二点を再度通知した（本書状の具体的内容と分析は、戸田芳実「初期中世武士の職能と諸役」『日本の社会史』巻4、岩波書店、一九八六年所収も参照）。

その後のことは不明だが、この両状から確認できることは次のとおり。一つは地方の諸国で京上官物の護送にさいして、松影のような「武者」が登用され、彼らのような武勇者を抜きにしては都と地方の往還がむずかしかったという点だろう。そこでは都の場合と同様、地方にあっても、「兵」「武者」の需要があり、これを充足させる場が用意されていたと理解される。ここに登場する松影なる老武者は、文面から判断する限りは国衙により認定されたプロの武勇者であり、国衙との関係において臨時的な関係ではなかった。彼は地生《じば》えの「兵」ともよぶべき存在と考えられよう。その意味で地方版「兵の家」が形成されていたことも確認できる。

二つには、右に地生えの「兵」と表現したが、国衙側の返答からもわかるように、松影は従来から官物護送の「押領使」の任にかかわっており、「将軍」とよばれる存在でもあった。この「将軍」が具体的に何を指すか不明だが、少なくとも国衙の側からは松影を地方名士として認定していたことはうかがえよう。「松影、まことに武者の子孫なりと雖も」との言葉が示すとおり、彼自身は「兵の家」の出身であった。その意味で彼の声望にともなう集兵能力が期待されたと見てよい。

地方版「兵の家」とは、「都の武者」と対応したかたちで存在したと考えることもできる。こうしたことをふまえるならば、前に紹介した豊後講師の話が示す「墓々しき兵」も右に指摘した松影のような「武者」が諸国に広く存在したことが前提だった。松影はここで見る限り、たしかに国衙の声望を担う国内（地方）名士だったに相違ない。押領使就任を拒否した彼の言が「一人の随兵を儲けず。もし非常臨時あらば、必ず嘲弄を招くべきか」であったとしても、国衙側が彼を「武者」として認定したことにかわりはない。

われわれはこの松影の押領使辞退の弁のなかに、この時期の「武者」（兵）の一般的姿がどんなものであったかを知り得ることになる。つまり「武者」たるものは「兵の家」に生まれ、累代の武芸を業とし、多くの「随兵」を保持していることだった。

だが、こうした条件を欠いたとはいえ、この時点で松影が国衙へ押領使辞退を申し出た最大の理由は、「非常臨時あらば、必ず嘲弄を招くべきか」という点だった。平たく表現すれば〝戦いになったとき、自分の恥をさらすことになる〟ということだろう。戦士たる「兵」にとっての恥、それは何よりも人の嘲りを受けることだった。その嘲りは戦いで敗北することではない。敗北すべくして敗北した〝敗れ方〟の問題だった。

つまり松影の主張の裏には一人の「随兵」もいない彼が「武者」として護送の任に就き、「非常臨時」に遭遇したおりの〝人々の嘲り〟が問題だった。「兵」の恥という点でいえば、伊佐入道を装った豊後講師の言葉にもよく示されている。

「筑紫の人の聞きて云はむ様は『伊佐入道は其こ其こにて海賊に値ひて縛められて、船の物皆取られにけり』とこそは云はむずらめ」。ここには地域でつちかった名声を失うことへの辛さが語られているが、このように「兵」たることの言動が当然のことと受け取られる状況があればこそ、講師のハツタリが功を奏したのである。

「兵」の死闘――源宛と平良文の場合

まずは東国を舞台とした二人の「兵」が演じた戦さの模様から見ておく。将門《まさかど》と同じ時期に登場した「兵の道」に秀《ひい》でた二人の人物、平良文《たいらのよしぶみ》と源宛《みなもとのあつる》の死闘を紹介しよう（『今昔物語集』巻二五―三）。

今は昔、東国に、源宛・平良文と云ふ二人の兵《つわもの》有りけり。宛が字《あざな》をば□（欠字）田の源二と云ひ、良文が字をば村岳《むらおか》の五郎とぞ云ひける。

此の二人、兵の道を挑みけるが程に、互に中《なか》悪しく成りにけり。二人が云ふ事を互に中言《なかごと》為《す》る郎等《ろうとう》有て……魂太く心賢《かしこ》き兵なりと云へども、人の云ひ腹立つて合はすれば、共に大きに嗔《いかり》を成して、……其の後は各軍《おのおのいくさ》を調《ととの》へて、戦はむ事を営む。

既に其の契《ちぎり》の日に成りぬれば、各、軍を発《おこ》して此《か》く云ふ野に巳《み》の時許《ばかり》に打立ちぬ。各《おのおの》五六百人許《ばかり》の軍有り。皆身を棄て命を顧《かえり》みずして心を励ます間、一町許を隔てて楯を突き渡したり。各《おのおの》兵を出だして牒《ちょう》を通《かよ》はす。其の兵の返る時に、定まれる事にて、箭《や》を射懸けるなり。其れに馬をも□ず、見返らずして静かに返るを以て猛き事にはしけるなり。然《さ》て其の後に、各楯を寄せて今は射組みならむと為《す》る程に、良文が方《かた》より宛が方に云はする様、「今日の合戦は、各、軍を以て射組ませば、其の興侍《はべ》らず。只《ただ》君と我れとが各の手品《てしな》を知らむとなり。然《しか》れば方々の軍を

射組ましめずして、只二人走らせ合ひて、手の限り射むと思ふは何《いか》が思《おぼ》す」と。宛此《これ》を聞きて、
「我れも然《しか》思ひ給ふる事なり。速《すみや》かに罷出《まかりい》でよ」と云はせて、宛、楯を離れて只《ただ》一騎出て来て、雁胯《かりまた》を番《つが》へて立てり。良文も此の返事を聞きて喜びて……楯の内より只一騎歩かし出でぬ。

然《さ》て雁胯を番へて走らせ合ひぬ。互に先づ射させつ。次の箭に慥《たし》かに射取らむと思ひて、各《おのおの》弓を引きて箭を放って馳せ違《か》ふ。各走らせ過ぎぬれば、亦各馬を取りて返す。……良文、宛が最《も》中《なか》に箭を押宛《おしあ》てて射るに、宛、馬より落つる様にして箭に違《たが》へば、太刀《たち》の股寄《ももよせ》に当りぬ。宛、亦取りて返して良文が最中に押宛てて射るに、良文、箭に違ひて身を□る時に、腰宛《こしあて》に射立てつ。
……良文、宛に云はく、「……共に手品は皆見えぬ。弊《つたな》き事無し。而《しか》るに、此れ昔よりの伝はり敵《かたき》にも非《あら》ず。今は此《か》くて止《や》むなむ。……」と。宛、此《こ》れを聞きて云はく、「我れも然なむ思ふ。実《まこと》に互に手品は見つ。止みなむ吉き事なり。然れば引きて返りなむ」と云ひて、各軍を引きて去りぬ。……

互の郎等共、各主共《ぬしども》の馳せ組みて射合ひけるを見ては、「今や射落さる、今や射落さる」と、肝《きも》を砕《くだ》きて心を迷《まど》はして、中々我れ等が射合ひて生きも死にもせむよりは堪へ難く怖しく思ひけるに、此く射さして返れば、恠《あや》しみ思ひけるに、此の事を聞きてぞ皆喜び合へりける。

昔の兵此く有りける。其の後よりは、宛も良文も互に中吉《なかよ》くて、露隔《つゆへだ》つる心無く思ひ通はしてぞ過ぎけるとなむ、語り伝へたるとや。

知ることはできないが、一般の騎射戦では弓を十分に引き絞れば、弦が兜《かぶと》の〝吹返し〟部分に当たることもあり、近距離での応射に適合する引き絞り方の工夫も必要とされた。

くわえて動きが激しい馬上での弓矢戦は的中はむずかしく、一ノ矢、二ノ矢とまさに〝矢継ぎばや〟に矢を番えることが要求される。『後三年合戦絵巻』でも明らかなように、上半身を前傾させた騎射方法も弓の絞り具合に規定されたものだった。種々の実験結果によれば、射手の射る矢のスピードは初速が毎秒六〇メートル程度といわれており、発射時の矢の振動が減じるまでの七〜八間《けん》（約一三〜一四メートル）くらいの距離がよいとされる。ただし歩射《ぶしゃ》の場合での有効射程距離は、弓の張り方や矢の種類、大きさにもよるが、一〇〇メートル前後だったらしい（鈴木敬三編『合戦絵巻』毎日新聞社、一九九〇年）。同説話が両軍の陣立てを「一町許《ばかり》を隔てて」と説明するのも、一般歩兵の歩射有効距離に見合う表現なのだろう。

古代の弓は丸木《まるき》弓と称されるもので、中世の合成弓とは異なり、一本の木を削った素朴なものだった。用材の名により梓《あずさ》弓・檀《ま》弓・槻《つき》弓・櫨《はじ》弓・柘《つき》弓の名称があるが、前述したように平安後期以降にはこうした用材と竹をはぎ合わせたものが使用され、弾力の倍化がはかられるようになった。「伏竹《ふせだけ》弓」とか、これをさらに改良した「三枚打《さんまいうち》弓」が登場し、ベンド（弾力）が一段と強化された。

二種以上の用材を用いた合成弓の場合、内側と外側両面での圧縮・伸長の率が異なっており、これが弓の弾力性に大きな作用を与えた。有名な『男衾《おぶすま》三郎絵巻』には立木に弓の先端を押しつけ、三人がかりで弓をたわめ弦を張ろうとしている様子が描かれている。「二人張弓《ににんばり》」「三人張弓」の表現も、このように数人がかりの強弓《こわゆみ》に対しての称だった。こうした合成弓は他方で折れやすく、破損防止のため弓の各所に籐を巻き補強するのが一般的で、「滋籐《しげとう》の弓」(重籐弓)の名も、一面に籐を滋《しげ》く重ねたことに由来する。

それでは矢についてはどうか、宛・良文が用いた「雁胯」に関してはすでにふれた。矢鏃《やじり》の種類はこれ以外にも、目的に応じさまざまなものがあった。矢は先端の矢鏃部分もふくめ矢幹《やがら》と上部の矢羽《やばね》の三つに分けられる。平安後期以前にあっては長さ三さ二尺三、四寸(約七〇センチ)で矢幹(箆《の》)の材には篠竹《しのたけ》が用いられた。その後、合成弓の発達に合わせて矢も長くなり、二尺八、九寸(約九〇センチ)に変化した。矢鏃の重さもくわえると五〇～七〇グラムくらいが標準とされたらしい。

源平期のころの矢の長さは一二束《つか》が基準とされた。片手で握った幅を一束《ひとつか》とし、束に足らない半端は指の太さで測る。指二本分ならば二伏《ふたふせ》、三本ならば三伏《みふせ》と表現する。例の那須与一《なすのよいち》の矢は『平家物語』に「十二束三ぶせ」と表記されており、若干長めだったことになる。また、矢を差す箙《えびら》(容器)には緒戦で用いる「上差《うわざ》しの矢」とそれ以外の「征矢《そや》」をふくめ二十四、五本が用意されていた。

ここに示した矢弓の形状は、多く中世の軍記物からの理解であり、『今昔物語集』に登場するこの時期のものと、どれくらいの相違があったかは不明だが、一つの参考となろう。これ以外にも太刀《たち》や甲冑《かっちゅう》の問題もあるが、ここでは説話の主題から遠くなるので別に譲りたい(なお、武器、武具関係については、拙稿「武の光源―甲冑、弓矢―」、福田豊彦編『いくさ』吉川弘文館、一九九三年を参照)。

兵力の動員

次に、三つ目の問題である兵力動員のあり方についてである。ここで前章で紹介した、「都大路の暗殺者」ともいうべき横顔をもった平致経主従の話を想い出してみよう。三井寺《みいでら》に明尊を送り届けた致経一行の人数は「三十余人」。彼らは説話上での描写ながら、いずれも騎馬の郎等と見えていた。「兵」として武名を馳せた致経が常時保有する兵力を考えるさいの参考となろう。おそらく臨戦態勢にあっても、致経の武力の中核をなしたのはこうした郎等たちであったことは疑いなく、本格的合戦のおりにはこの郎等に多くの歩兵が従うかたちで兵力の編成が行われたと考えてよいだろう。

若干の人数のひらきがあるものの、すでに紹介した『十訓抄』所収の義家説話でも同様だ。堀河右《う》府《ふ》の邸《やしき》に侵入した盗賊を取り押さえた義家の郎等について、「小家にかくしをきける郎等四五十人ばかり」と指摘しており、これまた参考となろう。いずれも説話世界での話だが、この義家の父頼義《よりよし》は有名な前九年合戦で武功を挙げた人物であり、その戦いの様子を語った『陸奥話記』は実話的要素も強い。ここには源頼義が率いた「坂東の精兵《せいびよう》」の名が散見される。「五陣の軍士平真平《まさひら》、菅原行基《すがわらのゆきもと》、源真清《まさきよ》、藤原兼成《かねなり》、橘孝忠《よしただ》、源親季《ちかすえ》……皆これ将軍の麾下《きか》の坂東の精兵なり」とあり、そこに列記されている氏名により、彼らが頼義固有の武力基盤をなした「兵」であったことは容易に推測がつく。前九年合戦が官符による「公戦」であったことはいうまでもないが、ここに見る頼義麾下の「坂東の精兵」はそうした官符の有無にかかわらず頼義自身の私兵として存在したわけで、官符による寡兵は、むしろこうした頼義の精兵の外枠に位置する兵力だったと考えてよいだろう（前九年合戦については、拙著『東北の争乱と奥州合戦』吉川弘文館、二〇〇六年も参照）。

このような理解が許されるとすれば、源宛と平良文の合戦説話に「各《おのおの》五六百人許《ばかり》の軍《いくさ》有り」と見える兵数も、相互に一割程度の郎等的騎馬武者集団がおり、これを取りまくかたちで「楯を突き渡した」歩兵集団がいたと想像できよう。

以上、坂東を舞台とした平良文・源宛という著名な「兵」たちの話から、合戦にかかわるいくつかの論点を、与太話《よたばなし》的内容をふくめて書きつらねた。

次にわれわれは、都鄙往還のテーマのなかで、坂東からさらに奥州へと目を転ずることとしよう。

余五将軍平維茂の戦さぶり

以下で紹介する余五《よご》将軍平維茂《たいらのこれもち》についての説話も、伝説・伝承の世界で彩《いろど》りを与えられているものだ。余五将軍は謡曲『紅葉狩』の主人公としても知られる。紅葉狩りを催す鬼女たちを神枝の太刀で退治するというもので、これまた広く伝承化している。

彼も軍事貴族として都鄙に武名を馳せた人物だった。説話の舞台は奥州である。ライバルは藤原諸任《もろとう》。彼も余五将軍と同じく、天慶の乱の功臣藤原秀郷《ひでさと》の子孫だった。『今昔物語集』（巻二五―五）には、余五将軍が諸任の奇襲を受けながらも、これを討ち破った話が見えている。長文なので、圧縮して紹介する。

今は昔実方《さねかた》中将と云《いう》人陸奥守《むつのかみ》に成《なり》て、其の国に下《く》だりけるを、其の人は止事無《やんごとな》き公達《きんだち》なれば、国の内の然るべき兵《つわもの》ども、皆前々《さきざき》の守にも似ず、此の守を饗応して……其の国に平維茂《これもち》と云ふ者有りけり。……曾祖伯父《おおおおおじ》貞盛《さだもり》が甥幷《おいならび》に甥が子などを皆取り集めて養子《ようじ》にしけるに、此の維茂は甥なるに、亦《また》中に年若かりければ、十五郎に立てて養子にしければ、字《あざな》を余五《よごの》君《きみ》とは云ひけるなり。亦、其の時に、藤原諸任《もろとう》と云ふ者有りけり、

清和源氏と諸氏

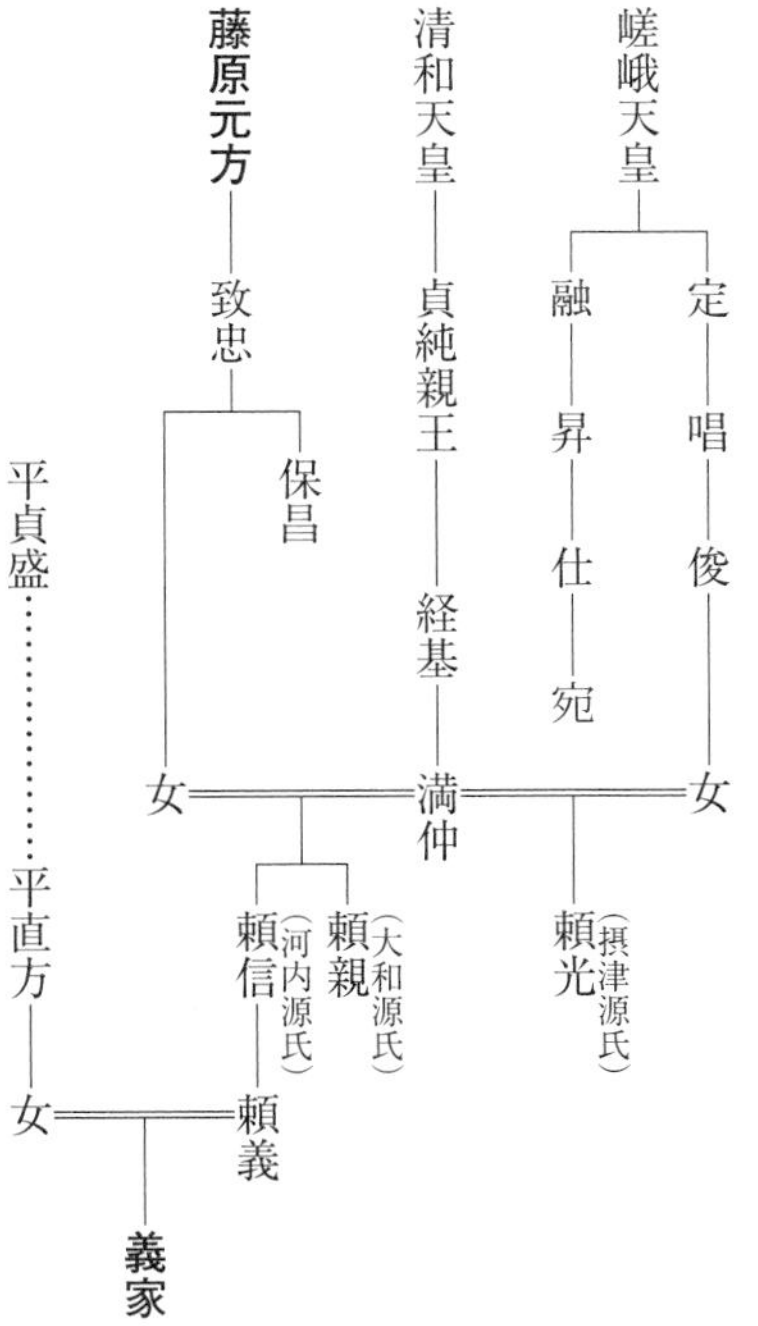

此れは田原藤太秀郷《たわらのとうたひでさと》と云ひける兵の孫なり。字をば沢胯《さわまた》の四郎となむ云ひける。

此の二人、墓無《はかな》き田畠の事を諍《あらそ》ひて、各《おのおの》道理を立てて守に訴へけるを、何《いず》れも理《ことわり》なりけるに、亦二人ながら国の然《しか》るべき者にて有れば、守否定《え》め切らずして有りける程に、守、三年と云ふに失せにければ、其の後共に愁《うれい》の憤り止まずして、互に安からず思ひて有る程に、各此の事を便無き様に中言《なかごと》する者共有りて……

然れば、既に各の軍《いくさ》を儲けて合戦すべき義に成りぬ。其の後は牒《ちょう》を通はして、日を定めて、「其の野にて合はむ」と契《ちぎ》る。維茂が方には兵三千人許《ばかり》有り、諸任が方には千余人有りければ、「軍の員《かず》もこよなく劣りたり。然れば此の戦止めてむ」と諸任云ひて、常陸《ひたち》の国様へ超えにければ、維茂此れを聞きて、「然ればこそ。我れに手向《たむかい》はしてむや」など息巻《いきま》きて日来《ひごろ》有りける程に、集めたりける兵共《つわものども》も、暫《しば》しこそ養ひけれ、遥かに久しく成りぬれば、各「要事《ようじ》有り」など云ひて、皆本国に返りぬ。……

軍も皆返し遣《や》りて緩《たゆ》みて居たるに、十月《かみなづき》の朔比《ついたちころ》の程に、丑《うし》の時許《ばかり》に、前に大きなる池の有るに居たる水鳥の、俄《にわ》かに譟《さわが》しく立つ音のしければ、余五驚きて、郎等《ろうとう》共を呼びて、「軍の来たるにこそ有るめれ。鳥の痛く騒ぐは。男共起きて、調度負へ。馬共に鞍置け。櫓《やぐら》に人登れ」など俸《おき》てて、郎等一人を馬に乗せて、「馳せ向ひて見て来」とて遣《や》りつ。……凡《およ》そ家の内に調度負ひたる者、上下を論ぜず二十人に過ぎず。……

人少なくして力無し。屋共に火を付けて焼き掃《はら》ふ。……一人として逃す者無く、皆家に籠めて、或《ある》いは射殺し、或いは焼き殺しつ。……「何《いず》れか余五が死にたる」とて、引返し引返し見れども、皆真黒にして、躰《むくろ》も見えず焼き屈《かが》められたる者も有り。……安らかに思ひて返る。……或《ある》いは馬に引乗せて返るに、大君《おおきみ》と云ふ者の許《もと》に打寄りぬ。

其の大君と云ふは、能登守《のとのかみ》□（橘）惟通《これみち》と云ひける人の子なり。長《おとな》しき武者にて心恥かしく、心俸《おきて》有りければ、身に敵《かたき》も無く、万人に請《う》けられてなむ有りける。此の沢胯は、其の大君が妹を妻《め》にて有りければ、……大君、会ひて沢胯に云はく、「此く鑭《きら》らかに余五を罰《う》つ事は、極《いみ》じき事なり。……然《さ》て、其の余五が頭《かしら》は慥《たし》かに取りて鞍《くら》の鳥付《とりつけ》に結《ゆ》ひ付け給へりや、何《いず》くにぞ」と。沢胯が云はく、「嗚呼《をこ》の事をも宣《のたま》ふ君かな。……蝿《はえ》だに翔《かけ》らさず、或いは箭庭《やには》に射臥《いぶ》せ、或いは家に籠めながら焼き殺し……露《つゆ》疑ひあるべき事にも非ぬ物をば」と、極じくしたり顔に、脇を掻《か》きて云ひけるをぞ、大君聞きて、「然《さ》なり。現《げ》に然《しか》思ひ給ふべし。但し翁《おきな》の思ひ侍《はべ》るは、尚余五が頭を、『此奴《こやつ》若し生きもや返る』と、鞍の鳥付に結《ゆ》ひ付けてこそ、後安《うしろやす》く心は落ち居め。然らずは、後目《うしろめ》たき事なり。……只疾《と》く此こを立ち給ひね」と半無《はしたな》く追ひければ、本より祖《おや》の様に習はしたりければ、沢胯追はれて立ちぬ。……五六十町許《ばかり》行きて……調度なんど皆解きて居たる程に、大君の許より酒大樽に入れて十樽許……多く荷《にな》ひ次《つづ》けて持来たれり。……喉の乾くままに空腹《すきはら》に酒を四五杯飲みてければ、皆死にたる様に酔ひ臥しにけり。……

然て余五は……着たる衣を脱ぎ棄て、女人《にょにん》の着たる襖《あお》と云ふ衣《ころも》有るを引剝《ひきは》ぎて、其れを打着て、髪を乱して下女の様を造りて、太刀許《ばかり》を懐《ふところ》に持ちて、煙の薫《くゆ》り合ひたる中より掻《か》き交《まぎ》れて飛ぶが如くに出でて、西の流の深きに落ち入りて、澳中《おきなか》に葦《あし》などの生《お》ひ滋《しげ》りたる所に、構へて掻き寄りぬ。……

余五陸《くが》に上りたれば……衣を着、物を食ひて後に云はく、「我《わ》れ、今夜圧《おそ》はれつる初めに、逃げて山に入りて命を存すべしと云へども、逃げぬと云ふ名を世に留めじと思ひて、此かる目を見るなり、此れを何《いか》がせむと為《す》る」と。郎等の云はく、「彼《か》れは勢多くして、軍《いくさ》四五百人許有りけり、……然れば、後の日を以て軍を集めて、何にも戦ひ給ふべきなり」と。余五此れを聞きて云はく、「尊《みこと》達の云ふ所、最も然るべし。但し我が思ふ様に、今夜家の内にして焼き殺されなましかば、只今まで命存せむか。……我れに於ては、只一人彼れが家に向ひて、焼き殺しぬと思はむに、『此くも有りけり』と見えて、一度の箭《や》を射懸けて死なむと思ふなり。乃至《ないし》、子孫まで此れは極めて恥には非《あら》ずや。……」と云ひて、只出立ちに出立つ。……

打出《うちいで》の太刀帯《は》きて、腹葦毛《はらあしげ》なる馬の長七寸許《たけななき》にて打はへ長《たけ》きが、極めたる一物《いちもつ》の進退《しんだい》なるに乗りて、軍の員《かず》を計《かぞ》ふれば、馬の兵《つわもの》七十余人、歩兵《かち》三十余人、合はせて百余人ぞ集れる。此れは、家近き者共の、疾《と》く聞きて馳せ集れるなるべし。……

此くて余五は、前に人を走らせて、「沢腭が有らむ所慥《たし》かに見て告げよ」と云ひて遣《つか》はしたれば……其の岳の北面に馬を打上げて、岳の上より南の添《そい》を下様《くだりざま》に趣《おもむ》けたり。下様なれど、馬場の様なる野を笠懸《かさがけ》を射る様に、音を叫びて鞭《むち》を打ちて、五六十人許押懸《おしか》けたり。
其の時に、沢胯の四郎より始めて、軍共俄《にわ》かに起ち上りて、此れを見て、或いは胡録《やなぐい》を取りて負ひ、或いは鎧《よろい》を取りて着……時の間に三四十人許の兵を箭庭《やにわ》に射臥《いぶ》せつ。……然て沢胯をば射取りて頸を切りつ。……
其れより後なむ、此の維茂《これもち》は東八ケ国に名を挙げて、弥《いよい》よ並び無き兵に云はれける。其の子の左衛門大夫《さえもんのだいぶ》滋定《しげさだ》が子孫、公《おおやけ》に仕へて今に有りとなむ、語り伝へたるとや。

『今昔物語集』の「兵」説話中でも最大の長文であるが、原文はかなり圧縮した。これに応じ、以下最低限の要約だけはほどこしておく。

〈説話の骨格〉

起承転結からいえば、本話は四つの部分からなる。陸奥国における二人の有力な「兵」の登場とその系譜を語る第一場面。ここには平維茂と藤原諸任両者の争いが、「墓無き田畠の事」に端を発し、国司の調停さえもむずかしかったこと。その後、この両人を仲違いさせるうわさが広がり、「合戦すべき義に成りぬ」という状況になったことが記されている。両軍が対陣し戦いに至り、劣勢と見た諸任軍が軍を解くが、数カ月後には維茂側の油断を突いてこれを急襲。
これを承けた第二場面では、諸任の奇襲にさらされた維茂側の苦戦の様子と、勝利を手中に収めた諸任が帰路「長しき武者」たる大君の館《やかた》に立ち寄り、戦さの首尾を報告。これに不安を覚える大君の忠告を無視した諸任の慢心。さらに諸任軍の退去を要求する大君の心中と戦勝に酔いしれる諸任軍の状況が描かれている。

転じて第三の場面では、死地を脱した維茂が諸任に復讐するまでの経過が述べられている。ここには、維茂が残党を結集し兵の恥を返上しようとする決意が細やかに語られており、出立に際しての様子、さらに諸任追跡の途上、大君の館を通過するおりの維茂の礼節ある行動とこれに中立を装う大君の対応のあり方が語られている。

最後の第四場面には、諸任軍への奇襲の模様と勝利をものにした維茂の「心ばえ」が指摘されている。休息していた諸任軍の潰走の惨状と諸任の死、さらに余勢をかっての諸任館の襲撃の様子。くわえて「兵の道」を象徴するような諸任の妻の救出と大君館への護送が語られ、あわせてその後の維茂の坂東での名声について指摘されている。

以上の流れについて異論はなかろう。本説話の主題、それは平維茂の「兵」ぶりを、藤原諸任との合戦譚《たん》から余すところなく伝えたところにあるが、他方で軍記物とは異なる筆致での両人の戦さぶりを通じ、壮絶を極めた戦闘の模様も語られており、ある種の〝重さ〟を感じさせる作品といえる。

舞台は陸奥国。時代は彼らの生存年代から推して十世紀末から十一世紀初頭。まさに王朝国家期の「戦さの風景」の典型を語るものだろう。この話にはこれまでいろいろと指摘したことがらが散りばめられている。「智恵」の問題、「兵の家」の問題、さらに「兵の道」や「主従制」に関する問題、あるいは兵力の動員のあり方や戦闘の具体的方法などに関する問題である。

平安武者の意識

維茂・諸任、そして大君の三者は説話の骨格を考えるうえでも不可欠となろう。とりわけ本説話での〝隠し味〟的存在、「大君」なる人物の行動には「長しき武者」（橘好則）の理想像が語られていると見てよいだろう（この点、野口実『東国武士と京都』同成社、二〇一五年も参照）。

この「大君」とのかかわりを軸に『今昔』作者は、維茂と諸任の力量の差をはかろうとする。「智恵」「兵《つわもの》の恥」を心得る維茂、慢心のゆえに「由無き人」と評される諸任、と両人の対比はまことに明快である。「長しき武者にて心恥かしく、心俸有りければ、身に敵も無く、万人に請《う》けられてなむ有りける」（立派な心ばえをもった武者で、日ごろより注意を怠らなかったので、敵もおらず、人々から信頼されていた）と語られている大君像は、たしかに「智恵」ある「兵」の典型だった。

妹聟の諸任が維茂の首級を持参しなかったことを「鞍の鳥付に結ひ付けてこそ、後安く心は落ち居め。然らずは、後目たき事なり」（首を鞍の鳥付に結び付けてこそ安心できると言うものを。でなければ気がかりだ）と述べる彼の心情も、その点では同様だ。

「兵」としての生き抜く「智恵」、これを欠いた諸任の用心の無さが、墓穴を掘るに至ったとしても、それは彼自身の責任、とでも言いたげな大君の発言には、血縁的情緒を超えた厳しさも確認できよう。そこにあっては、たとえ姻戚関係にある諸任であろうと、限度を超えた応援は拒絶するという「兵の道」に生きるしたたかささえ感ずる。他方、維茂については、〝勇者は勇者を知る〟の言葉どおり、大君の評価は高い。「翁《おきな》は彼（維茂）が心ばへを、ほろく知りたれば申すなり」（彼の心胆をいささか知っているがゆえに申すのだ）との発言に示されているように、大君にとって余五維茂はライバルを超えた存在だった。

諸任を追う維茂を館内で注視しながら「余五が其れ（大葦毛《おおあしげ》）に乗りて押懸けたらむは、誰か手《た》向《むかい》は為《す》べき。沢胯は極《いみ》じき死《じに》する者かな」（余五が大葦毛に乗り、戦さをすれば誰が抵抗できようか。諸任は無慚《むざん》な死に方をするだろう）と語るその言葉に、戦さに秀でた余五将軍への畏怖も看取《かんしゅ》できる。いずれにせよ本説話の骨格を形づくる三人の「兵」たちの行動から、平安武者の意識を汲み取ることもできよう。

地方軍事貴族の横顔

以下、このあたりの事情を加味しながら、合戦の主人公をふくめいま少し肉付けしておく。

まずは維茂である。父は貞盛の弟繁盛、あるいは繁盛の子兼忠《かねただ》ともいわれる。貞盛の養子として余五君と称された彼は、ライバル諸任とともに「国の然るべき者」と表現されるべき「兵《つわもの》」だった。将門の乱を鎮圧した貞盛がその武功により軍事貴族の地位に列せられたことはよく知られているが、その彼が一族の者を養子としたのは蔭位《おんい》の制の特典に与《あずか》ることにあった。

令制での官人任用の特例、これが蔭位のシステムである。父が貴族（五位以上を「通貴」、三位以上を「貴」という）の場合、子にも一定の位階《いかい》が与えられる制度で、貞盛はこれを利用しつつ、一族の勢力拡大をはかった。「余五将軍」の称は鎮守府《ちんじゅふ》将軍の宣旨《せんじ》以前から、その勇敢さに時の人が感じ入っての呼称だった（『吾妻鏡《あずまかがみ》』文治《ぶんじ》四年九月十四日条）。子の繁成（茂）も出羽城介《じょうのすけ》の肩書をもっており、その末裔には越後の名族城《じょう》氏を輩出するなど、奥羽方面に拠点を有した地方軍事貴族の代表とされる。

戦いの発端を「田畠の事」と記すことは留意されてよい。所領＝田畠が重視されることは、中世社会移行への指標でもあったが、この点はしばらくおくとして、両人対立の要因は、先祖以来の敵人関係によっていた。諸任は藤原秀郷の子孫であり、将門の乱後の関東や東北は、この秀郷流藤原氏や貞盛流や良文流平氏がそれぞれに勢力を競っていた。田畠・所領をめぐる紛争の背後には、こうした諸流派の激しい勢力争いが伏在した。

ところで肝心の戦さの場面についてはどうか。「牒を通はし」云々は前述の源宛・平良文の戦い方を想い起こさせる。また維茂が集めた「三千人許」も恒常的戦士集団ではなく、諸任軍との緊張関係が解かれるや、「各『要事有り』など云ひて、皆本国に返りぬ」との記述からも判断されるように、農業に従事する農民兵士が多かった。

このことは急襲を受けた維茂の勢力が、「凡そ家の内に調度負ひたる者、上下を論ぜず二十人に過ぎず」（武装したものは総勢二十人にすぎなかった）との記述でもわかるが、私営田領主段階での日常的武力規模は、こんなものだろう。徹底した焼土戦は、こうした段階の戦闘方式に根ざしたものでもあった（福田豊彦『平将門の乱』岩波新書、一九八一年）。維茂がその報復のために諸任の館を襲う描写が語るように、敵側の戦力を根だやしにすべく、凄惨な戦いである。

それは敵の有する人的・物的資源をそのまま利用し、領域ごとの支配を手中にする、後世の在地領主段階の戦いとは一線を画した。まずは相手側の再生産機能を焼土戦でマヒさせること、ここに主眼を置いたものだった。維茂自身の報復戦が諸任個人の討滅に終わることなく、彼の館までをも襲撃の対象としている点は、その意味でも注目されよう。

ついでながら騎馬戦での馬についてもふれると、「極めたる一物」と称された余五の騎馬は「長七寸許」だったとある。一般に当時は馬高（肩からの高さ）四尺（約一二一センチ）が定尺とされ、それを超えると一寸《ひとき》、二寸《ふたき》と数えられた。現在のサラブレッドの体高は一六〇～一六五センチとされているのに比べ、中世の馬ははるかに小さかったらしい。ここに登場する腹葦毛《はらあしげ》の一物は七寸《き》（約一四二センチ）とあるから、なるほど名馬であったに違いない。ちなみに軍記物に見える名馬としては、有名な「宇治川の先陣争い」での佐々木高綱《ささきたかつな》の〝生唼《いけづき》〟は八寸《やき》（約一四五センチ）、義経の〝青海波《せいがいは》〟は七寸とされている。

次に諸任について。秀郷流藤原氏の出自を有する彼もまた天慶の乱での功臣の子孫であった。「兵の家」の出身たるにふさわしい彼の立場は、維茂との比較でいえばやはり脇役を超えるものではない。彼は敗北した。その敗北は戦いに敗れるということ以上に、自己に負けたといってもよいはずだ。用心への配慮を欠いた諸任の行動は「武」をもって任ずる立場では許されない。勝利の美酒は敗北の苦汁へと暗転した。ともかく彼は自分が仕懸けたと同じ奇襲という手段で落命した。しかもきっちりと首を取られるかたちで。用心なき「兵」の慢心がたどる末路を象徴するかのような死様だった。

『今昔物語集』の乾いた文体のせいであろうか、のちの軍記物の叙情的要素はここでは少ない。この説話にあるのはやはり史実をベースにしたであろう豊かなストーリー性であり、個々人の鼓動が聞こえない分だけ、平安期の戦さの風景が透き通って見えてくる。集めた兵力一千余人、諸任が自軍の劣勢を知るや「此の戦止めてむ」と言い放ち軍を解くあたりは、前述の宛・良文の一騎打ちにも通ずるこの時代の合戦に対する意識が象徴されている。

他方で戦端が開かれるや焼土戦にまで及ぶ執拗さも、この段階の戦闘形態であった。徹底した焼土戦は、前述したように再生産機能の打破にあったが、根本的には集兵基盤を喪失させることにもつながった。武士団成立以前の武士（「兵《つわもの》」）の場合、諸任が、そして維茂がそうであるように、集兵数がそのまま彼らの勢力を示しているわけで、平安後期はこの東国方面をふくめて、各地にのちの武士団につながる〝武〟の核が成長しつつあった段階だった。

実方中将の奥州下向

ここで殺伐たる戦いの風景から離れたい。『百人一首』の世界に少しだけ分け入ろうと思う。とはいえ、余五将軍維茂や諸任と無関係というわけでもない。実は『今昔物語集』の冒頭に記した、彼ら二人の「兵《つわもの》」たちが仕えた国守こそが、藤原実方その人だった。「かくとだにえやはいぶきのさしも草さしも知らじな燃ゆる思ひを」と「百人一首」に詠じられている作者として知られている。実方は、王朝歌人のなかでも屈指の歌詠《うたよみ》だった。

祖父に小一条左大臣師尹《もろただ》をもつサラブレッドで、ある事件がおこるまでは従四位下、左近衛中将《さこんえのちゆうじよう》まで順調に栄進していた。だが、長徳《ちようとく》元年（九九五）の殿上殴打《おうだ》事件で、実方の人生は大きく変わることとなる。『古事談《こじだん》』（第二）には「一条院ノ御時《おんとき》」のこととして、実方と行成《ゆきなり》が清涼殿《せいりようでん》の殿上《てんじようの》間《ま》で口論となり、実方が行成の冠を奪い庭に投げつけたことが見えている。この乱暴がもとで陸奥守へと赴任させられたとある。能書家として知られる藤原行成との確執で奥州へと左遷された、いわばワケ有りの人物である。「止事無《やむごとな》き公達《きんだち》」として『今昔物語集』はその実方を紹介する。維茂と諸任の話は、実方の奥州下向からおそらく数年後のことだったろう（この点、拙著『百人一首の歴史学』日本放送出版協会、二〇〇九年参照）。

陸奥守として下向した実方については、『今昔物語集』（巻二四―三七）に、「やすらはで思ひ立ちにし東路《あずまじ》にありけるものははばかりの関」という歌を都の友人藤原宣方《のぶかた》に送っている。人間関係の煩《わずら》わしさがないと期待して陸奥に来たが、この地もやはり「はばかりの関」（遠慮しなければならない人間関係の関門）があるのだ、と。

そんな歌意だろうか。あるいは、この「はばかりの関」の一つには、維茂と諸任の二人の田畠争いの訴え事もあったのかもしれない。ちなみに実方などの中央貴族が地方へと下向するさい、「都の武者」を随伴したわけで、権門貴族の侍として「兵」たる立場で都鄙往還をはたす彼らへの期待は高かった。維茂・諸任もそうしたネットワークに位置したと思われる。

鎮西の「兵」たち――刀伊入寇事件

奥州を舞台とした余五将軍維茂の話からもわかるように、彼ら「兵《つわもの》」たちの行動範囲はけっして一つの地域に限ったわけではなく、広範囲にわたっていたことが理解されるはずだ。例の平貞道が頼信

摂関家の系図

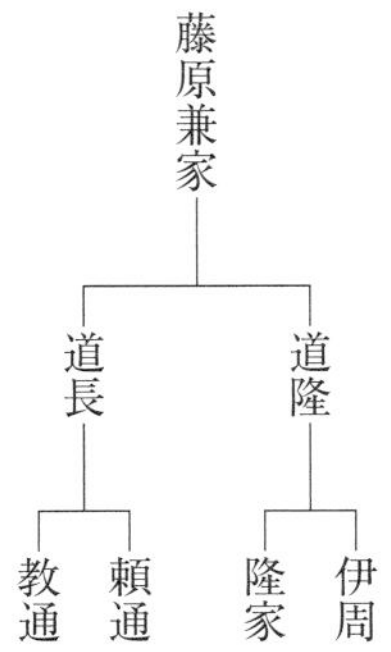

の要請で駿河で人を殺した話なども、都鄙往還を前提としたものだろう。

次にわれわれは「兵」の活動を北から南、すなわち鎮西方面へと目を転じてみよう。以下での話は、刀伊《とい》入寇《にゅうこう》にからむものだが、例の平致経にも関係する。というのは、致経の近い血縁者に致光《むねみつ》がおり、この人物は刀伊入寇事件のさいに十余艘の船をしつらえ異国船を撃退し武功をあげた平致行《むねゆき》と同一人と推測されている（高橋昌明『清盛以前』、前掲）。

平将門の乱の武功者の一人公雅《きみまさ》流の人々は「都の武者」として活躍するが、致経のように頼通《よりみち》に仕え、「都大路の暗殺者」とおぼしき人々もいた。刀伊の入寇のおり、指揮官とした活躍した大宰府の長官藤原隆家は、関白頼通と身分的に近く、摂関家のネットワークに位置した。その点からすれば、頼通を主人とした致経と同じく、公雅流に属す致光（致行）も、隆家の大宰府下向にあわせ、その侍・郎等《ろうとう》として従ってきたと推測できる。

後述するが、この平致行らは、他の「兵」たちとともに「止《や》ム事《ごと》ナキ武者《むしゃ》」と史料に登場する。つまりは中央権門の隆家（父は中関白《なかのかんぱく》道隆、伊周《これちか》の弟）に奉仕する「都の武者」と考えてよさそうだ。十一世紀初頭の刀伊入寇事件は説話にはないので、とりあえず実録史料の『小右記《しょうゆうき》』などを参考にながめておく。時代としては前述した余五将軍維茂より少し下ったころの内容である。

寛仁《かんじん》三年（一〇一九）、ちょうど道長時代のこと。中国東北部方面の女真《じょしん》（刀伊）族が突然大宰府を襲撃する事件がおきた。鎌倉時代の元寇《げんこう》ほどではないが、わが国にとっては九世紀以来、断続的に続いていた新羅《しらぎ》海賊の侵寇にも劣らない、大きな外交の危機だった。事件のあらすじは『小右記』などに詳しく記されているので、以下それらを参考にその概要のおおよそを見ておこう。

〈異国船が（四月）八日（筑前国《ちくぜんのくに》那《な》珂《か》郡《ごおり》）能古島《のこのしま》に来襲した。翌日には博多に上陸。突然の襲来に大宰府軍は兵士を徴することができなかったが、まずは平為忠《たためただ》・為方《ためかた》（賢）両人を主力とする軍勢が現地に向かい合戦した。刀伊軍の多くを射殺したが、府軍側での損害は下人のみで、将たる者の損傷はなかった。（彼らは）馬を馳せ廻し奮戦し、鏑矢《かぶらや》（加不良矢）の音で敵側を恐れさせ、これを撃退した。府軍は兵船が無かったためその日は追撃することはできず、翌日および翌々日は北風が激しかった。この両日の間に兵船三十八艘をととのえて、追撃の途に出て賊徒を遠くに退却させることに成功、彼らは本国を指し逃走した。府軍はさらに兵船三十艘を準備し勝ちに乗じ追撃。平致行も十余艘を調え合流した。だが壱岐・対馬方面までとすべきで、日本の国境以外の新羅（事実は高麗《こうらい》）には入ってはならぬとの都督《ととく》（藤原隆家）の命令があった。〉

これは藤原実資《さねすけ》の日記『小右記』に語られている刀伊入寇事件に関する記述である。

寛仁三年（一〇一九）三月末より約二週間にわたり北九州一帯を席捲《せっけん》したこの事件の目的は、人間と牛馬の略奪にあったとされる。刀伊軍のこうした急襲に対し、防戦にまわった現地大宰府軍は「人兵」「舟船」不十分のまま苦戦をしいられたが、最終的にこれを撃退した。この事件の全容および経過については別に譲るが（拙稿「『寛仁異賊之禍』と府衙の軍制」『中世日本の諸相』吉川弘文館、一九八九年所収）、「兵」との関連からここで注目したいのは当該期における武力発動の実態である。

博多に上陸した刀伊軍を撃退した主力は、大規模な大宰府軍の兵力ではなく、平為忠・為方（賢）あるいは兵船十余艘で参陣した平致行などの武者であった。このことは『小右記』の内容と同趣旨のものを載せる『朝野群載《ちょうやぐんさい》』（巻二十）からも判明する。それによると、能古島に来襲した刀伊軍に対し、「前少監《さきのしょうげん》大蔵《おおくら》朝臣《あそん》種材《たねき》・藤原朝臣明範《あきのり》・散位《さんに》平朝臣為方《ためかた》（賢）・平朝臣為忠《ためただ》・前大監藤原助高《すけたか》・傔仗大蔵光弘《みつひろ》・藤原友近《ともちか》等をもって警固所に遣わし、相禦《あいふさ》がしむ」とあり、『小右記』に見える武者もふくめ、ここに登場している人物の奮戦が伝えられている。

彼らは「人兵を召すと雖《いえど》も、未だ多く来らず」という大宰府軍の状況のなかにあり、率先して参戦した人々であった。その意味で彼らは一般の府兵・人兵と区別されるべき大宰府軍の中心的武力をなす存在といってよい。こうした迎撃・追撃態勢が刀伊軍の撃退に大きなはたらきをした。

「無止武者」たち

この戦いでの総司令官ともいうべき立場にあった藤原隆家（道長の兄道隆の子）の書状を載せる関

連史料には、彼らを「皆府無止《やんごとなき》武者《むしや》」と表現している（『小右記』寛仁三年四月二四日条）。当然のことながらこの戦闘で活躍した前述の武功者には、大宰府から勲功者の注進がなされた（同、寛仁三年六月二十九日条）。

大宰注進成勲功者、散位平朝臣為賢（方）、前大監藤原助高、傔仗大蔵光弘、藤原友近、友近随兵紀重方、以上五人…………（勲功理由略）
筑前国志摩郡住人文室忠光…………（〃）
同国怡土郡住人多治久明…………（〃）
大神守宮・擬検非違使財部弘延…（〃）
前肥前介源知…………（〃）
前少監大蔵朝臣種材…………（〃）
壱岐講師常覚…………（〃）
右、去四月十八日給二当府勅符一云……（後略）

注進状に見える氏名をここに紹介したのは、氏名の配列の仕方に留意してもらうためである。一見して明らかなように、勲功者は二つのグループより構成されている。一つは散位平朝臣為賢（方）以下五人のグループであり、もう一つは筑前国志摩郡住人文室忠光以下のグループだ（ただし最後の種材と常覚の両人の省略した勲功理由に直接の戦闘参加によるものではない旨が示されているので、これは除外すべきだろう)。

前者はその氏姓や肩書から大宰府官人あるいは府官経験を有した人々であり、これを仮に〝府官系〟グループとよぼう。後者はその氏姓から前者とは異なる人々であり「某郡住人」を冠する者もあり、これを一応「住人系」グループとよんでおこう。ちなみにこの段階の「住人」の用語は今日われわれが一般に使用している意味での用い方と違い、当該地域での有勢者の汎称であった。その意味で各郡レベルで地生《じば》えの在地有力者が彼らの実態ということになろうか。

詳細は省くが、ここに列記された者の勲功理由については、たとえば文室忠光の場合「忠光の矢に中《あた》る者多し、又賊徒の首を斬り進上」とあり、それが個人の武的勲功によっていた。いずれも弓矢戦での成果が注記されており、彼らの「兵」「武者」ぶりを語ってくれる。こうした戦闘能力からここに所載の者たちは、いずれも恒常的な武力保持者であり、一般府兵とは区別される存在と考えてよい。隆家がその書状で指摘する「府無止武者」に「住人系」武者がふくまれるか否かは断定できないが、少なくとも、前者の「府官系」武者が該当することは疑いなかろう。兵船をととのえ、率先して戦った彼らの動向は、たしかに〝やんごとなき武者〟(立派な武者)の形容にふさわしい。

こうした諸点はともかくとして、同注進状での第一グループ(府官系)が府軍全体の中核武力であった点は間違いあるまい。第二の在地「住人系」武者のそれは、府衙(大宰府)との関係にあってはけっして直接的なものではなく、あくまで、第一のそれを輔翼するかたちで存在しているという点であろう。「無止武者」の中心勢力を「府官系」とした場合、彼らは府衙に直結する武力群として位置づけられるわけで、その限りでは間接的とも並列的とも表現できる「住人系」武者群とおのずと区別される武力と理解される。

前にふれたが、平致行は致経の叔父に当たる致光に比せられる。さらに戦後の勲功者に名をつらねている為賢（方）も公雅流に属した近親者だった。

致経は宇治関白頼通の従者（侍）だった。すでにふれたことだが、摂関家の一族たる隆家（頼通の叔父）も大宰府下向にさいし、有力な郎等を伴ったことは想像に難くなく、隆家→致光（致行）および為賢（方）の主従関係も想定できることになる。このように「無止武者」の中核をなす「府官系」武者には、中央政界に人的チャンネルを有する人々も多かったろう。

いずれにしても刀伊戦で隆家の指揮下で戦った武者たちは、個人的騎射戦を基本とした段階での戦闘法であったことにかわりはなく、〝誰が、どんな方法で、どれだけの首級〟をものにしたかが勲功の基準とされた。注進状に記されている個人ごとの戦功記録はこれを物語っていよう。

これは明らかに律令軍団制の軍事力動員と異なる中世的戦闘方式への移行を示しているわけで、こうした点でも興味深い史料といえよう。

王朝武者の記憶

最後に再び「お伽草子」の世界に入り込もうと思う。すでに「一寸法師」の世界や義経、あるいは為朝について、伝説・伝承を介し兵（つわもの）や武者（むしゃ）にかかわるいくつかの切り口を提供しておいた。ここでは、平安武者として名をはせた坂上田村麻呂・藤原利仁・源頼光といった面々を、これまたお伽草子に材をとりながら、刻まれた彼ら王朝のヒーローたちの記憶について整理をほどこしておきたい。時代のなかで刻印づけられた王朝武者に対する記憶は、時代とともに飛翔・拡大したわけで、お伽草子的世界と同じく、時として能・謡曲・歌舞伎などの芸能の分野にも多くの足跡を残した。その点では、近世あるいは近代にまで広がる〝歴史〟の記憶として人々に共有されることとなった。このあたりのことに焦点をしぼりながら、本書の結びとしたい。

王朝のヒーローたち

以下では「田村草子《たむらのぞうし》」や「酒呑童子《しゆてんどうじ》」などで主役を演じたヒーローたちに焦点を当てながら、歴史のなかに定着した「記憶」をひもといてみたいと思う。彼らに共通するのは、「征伐」の語感に共有されている「記憶」だった。鬼の登場や異類・異形《いぎよう》の出現、このことが帝《みかど》の苦悩をよび、「王威」

へと結合、彼らが居住する異域（鬼【ガ】島）への征伐がなされる。そのあたりの事情に関してはすでにふれた。

ここにあって重要なのは、武の力を不可欠の要素としたことだ。その場合の武力は、たんなる暴力ではない、武力の行使を保証する社会的認知（＝武威）を前提としていたという点である。都の王朝はその武威を再生産する場として登場する。その武威を保証・補完するものが天皇の勅命や宣旨であったりした。あるいは、観音の霊力や八幡神の霊威といった神仏の加護だった。

この武威に裏打ちされた確信こそが、不義なる行為に対する社会的正義の行使（征伐・退治）として示される。武力行使の道具（＝武器）には時としてそこに霊威が宿されていた。弓矢や刀剣は、邪悪なる存在（鬼や物怪）を排するための手段だった。この辟邪《へきじゃ》（邪悪なるもの、邪《よこしま》な存在を退散させる）の手段として武力が行使される。そのかぎりでは武威なき武力の保持者は、ヒーローたり得なかった。

後述する「酒呑童子」で頼光を護持する渡辺綱《わたなべつな》以下、四天王の兵（つわもの）たちは、仏法的な四神を体現する立場で描かれており、あわせて邪気封印の四天と通底していた。そこには神仏の加護による鬼神の征伐・退治が主題だった。「俵藤太物語」にしても、龍宮という王権の形代《かたしろ》から武威を与えられた俵藤太（藤原秀郷）が、鉄身の反逆者将門《まさかど》を打倒するという流れとなっている。

「田村草子」も同じである。外ヶ浜・鈴鹿山という境界に住した鬼たちを勅命で追討する。謡曲の「田村」もまた同様だろう。勝修羅《かちしゅら》として著名なこの演目は、お伽草子と同工異曲ながら、そこには観音の霊力が活写されている。清水寺建立に与《あずか》った坂上田村麻呂との関係が投影されており、これまた武威に裏打ちされた武力として理解される。

彼ら王朝武者の行為の源泉は、王朝からの武力行使の委譲にともなう「追討」というかたちで実現していることは留意したい。武威の発揚の光源は、王朝（都、天皇、朝廷、神仏）を媒介としたわけで、お伽草子に語られている武者たちは、まさに王朝の記憶の代弁者だった。

こうした諸点に留意しながら、われわれは「田村草子」をさらに深く掘り下げながら、本書の根源的なテーマへとつなげたい。

平安武者の系譜

お伽草子の一つ「田村草子」は、坂上田村麻呂の東征譚をモチーフにしたものである。そこには鎮守府将軍だった藤原利仁《ふじわらのとしひと》の伝説もくわわり、長大なストーリーとなっている。大きくいえば、この作品は二つの内容から構成されている。

一つは「日《ひ》りう丸」と称した田村俊仁《としひと》が大蛇二匹を退治し、やがて陸奥《むつ》の「悪路王《あくるおう》」を征伐、さらに唐土《もろこし》に渡り敗北するまでの話。そしてもう一つは、この俊仁将軍の子「ふせり殿」、すなわち田村丸（俊宗《としむね》）が伊勢の鈴鹿山にいた鬼神を退治し、さらに近江《おうみ》にいた「あくじのたか丸」なる鬼を、陸奥の「そとのはま」（外ヶ浜）まで追放するという内容である。

前段の俊仁については、その異様な出生譚《たん》が注目される。父の俊祐《としひろ》将軍と天女の化身（じつは大蛇）とのあいだに生まれた子という設定だ（これは『平家物語』の鎮西《ちんぜい》の英雄、緒方惟義《おがたこれよし》の伝説にも通じる）。俊仁の異常な力は竜神（大蛇）からの委譲だった。幼少で父と死別した俊仁は、やがて七歳の年に天皇の命令で、近江の「みなれ川」で大蛇二匹を退治（この大蛇は俊仁の伯父たちの化身）、凱旋し将軍の宣旨《せんじ》を受けることとなる。

その後、堀河中納言の「てる日の御前《ごぜん》」を見そめた俊仁は、天皇の嫉妬心から遠流《おんる》に処せられるが、近江の勢多橋《せたはし》で荒れくるう大蛇を再度追捕《ついぶ》した功績により、姫との比翼の契《ちぎ》りを許される。

そして陸奥国の「悪路王」にかどわかされた姫を救出すべく、俊仁は鞍馬山《くらまやま》にこもり、神通力《じんつうりき》を得て陸奥へと下向、多聞天《たもんてん》（毘沙門天《びしやもんてん》）の力を得て勝利する。その後、田村俊仁は異国の「もろこし」（唐土）を征服しようと、五十五歳のおりに出征するが、異国側が不動明王の法力で俊仁を調伏《ちようぶく》し、敗北させられるとのストーリーとなっている。

後段の場合はどうか。「ふせり殿」（田村丸俊宗）は、父の俊仁が陸奥下向のおりに当地の娘とのあいだに生まれた。彼は伊勢の鈴鹿山の大竹《おおたけ》（嶽）丸という鬼神を追討すべく命を受けるが、宝剣をもった大竹丸は手強《てごわ》く、これを打開するためには鈴鹿御前《すずかごぜん》という美女の協力が不可欠と知らされる。彼は御前と契りを結び、御前に想いを寄せる大竹丸をあざむき、所持の霊剣を盗み出すことに成功する。

やがて鈴鹿御前の協力で、これを陸奥外ヶ浜に退治した。

鈴鹿御前の死後、俊宗は悲嘆のあまり彼女のいる冥界へとおもむき、ついには閻魔《えんま》王の許可を得て再生するというものだ。琵琶湖の竹生島《ちくぶじま》の弁財天《べんざいてん》は、この御前の化身とされる。

おとぎ話であるかぎり、その荒唐性は織り込み済みではあるが、それを『広益俗説弁《こうえきぞくせつべん》』（井沢蟠竜著、正徳五年～享保十二年刊）よろしく憤《いきどお》ってみても仕方あるまい。いうまでもなく、「田村草子」には坂上田村麻呂の蝦夷《えぞ》征討や藤原利仁の新羅《しらぎ》征伐の記憶が一括されストーリー化されている。

それはともかく、簡略に紹介した右の説話から汲み上げるべき論点のいくつかを用意しておこう。

第一は、俊仁・俊宗が鬼神と出会う近江・鈴鹿という二つの場である。既述した場（地域）の無縁性に関連する問題である。この地域には古代以来、関が設けられ、東国との境界をなしていた。多くの読者は近江の大蛇退治の話に「俵藤太《たわらとうた》物語」のイメージを重ね合わせるに相違ない。俵藤太（藤原秀郷《ひでさと》）が大蛇の化身の頼みで勢多橋の百足《むかで》を武勇で退治、報恩に竜宮へといざなわれ、そこで三つの宝物を授けられる。やがてその武威が朝廷に伝えられ、不死身の将門を討滅するという話だ（秀郷の人物像については、野口実『伝説の将軍　藤原秀郷』吉川弘文館、二〇〇一年も参照）。

都（聖域）の出入り口に位置した近江は、異域との接点を演出するさいに必ず取り上げられる場だった。近江・鈴鹿が畿内・都への最重要ルートにあたり、人々の往来や物資の集散の場であったことは、留意すべきだろう。ここには人取りや物取りが跋扈《ばっこ》する。すでに紹介した『今昔物語集』に登場する大盗賊袴垂《はかまだれ》もまた、そこを拠点としていた。

これらの地域は、畿内と外国《げこく》の接点でもある。その意味ではこの両地域が邪気・物怪《もののけ》の侵入路として、一種の魔界的心理作用を人々に与えたことは想像できよう。「田村草子」の俊仁が北天＝毘沙門天を守護神としつつ、これから伝授された神通の剣《つるぎ》や鏑矢を携え鬼神を退治するという象徴的行為には、武威の記憶というメッセージも読み取ることができそうだ。

くわえて、ここで注目したいのは陸奥国外ヶ浜についてだろう。蝦夷地《えぞち》との境をなすこの地は、中世を通じ日本国の北端を示す場とされてきた。この点では近江そして伊勢鈴鹿との共通点は、その周縁性を象徴的に語る地域だったという点である。

日本国守護のための将軍宣旨を与えられた俊仁や俊宗が、王権の基盤をなす中枢地域＝畿内の周縁で跳梁《ちょうりょう》する鬼神を討ち、さらにその理念上の延長たる外ヶ浜での追討行為に、征服や征伐のイメージに見合う〈武〉の源流を垣間見ることもできるだろう。さらにいえば、その極めつきが唐土への遠征であり、冥界での戦いだ。そのいずれも、無縁的世界と接する場が設定され、これを聖界の権力が包摂する過程というかたちで読み換えも可能だろう。さきに紹介した「御曹子島渡《おんぞうししまわたり》」や「一寸法師」に通底する内容といえるのではないか。

第二は、この話には神仏の加護が多く語られている点であり、これまた室町小説に通有する意識といえよう。とりわけ鞍馬《くらま》の毘沙門天（北方の守護神、別名多聞天《たもんてん》）の霊験譚が多い。わが身にその霊威を引き入れたうえで、宝剣や弓矢という武器が感応し、鬼神を撃退する場面は圧巻だろう。観音なり弁天への信仰という時代固有の問題を考える素材ともなろう。

そして第三は、宝剣あるいは神通の弓矢に代表される武器の問題だ。破魔矢《はまや》の例でも理解できるように、魔的な邪神・悪神（鬼）を切除し排するうえで、神仏から付与された霊剣の力が大きくものをいった。「大たうれん」「小たうれん」の剣を大竹丸から盗み出すことで優位な立場になった俊宗が、その霊剣の力で鬼神を打ち破る場面は、霊威と武威が合体されている点で興味深い。

以上の論点を通じて、「田村草子」に貫流するものが、王権の守護者たる立ち位置にあって、これに危害をもたらす悪神を退散させる、こんな構図だろう。近江・伊勢（鈴鹿）そして陸奥（外ヶ浜）など、この物語に登場する諸地域は、王権とのかかわりをその周縁性において、シンボリックに語る象徴的装置として意味をもっていた。

田村麻呂と悪路王伝説

「田村草子」に語られている二人の主役――坂上田村麻呂と藤原利仁――はその後、どのように語り継がれたのか。ここでは江戸期にいたり、田村麻呂伝説として定着した内容を簡略にふりかえっておく。

近世の読み本系に属した『前々太平記《ぜんぜんたいへいき》』で見てみよう。ここでは二人の人物は完全に分離され、それだけに伝説への脚色が巧妙でもある。というよりも、『前々太平記』の世界では当初から、お伽草子的な場面は関係もなかったし、想定もされていない以上、当たり前のことなのだが、文学という同一地平での時代の差を考えるために、両者の比較も許されてよいだろう。

ともあれ、「田村麻呂夷賊退治　并《ならびに》任官位之事」（巻之八）では、勅を奉じた田村麻呂は延暦《えんりやく》二十年（八〇二）に奥州に発し、「賊長高丸及び悪路王」と駿河《するが》の清見関《きよみがせき》あたりで合戦に及ぼうとする。田村麻呂はその武勇をおそれ逃げ帰った彼らを追撃、高丸を射殺し悪路王を生け捕りにする。胆沢《いさわ》の地に八幡宮を建立した田村麻呂は、弓矢を奉納、さらに達谷窟《たつこくのいわや》を鞍馬寺に模して多聞天像を安置したうえで帰京。その後、田村麻呂は胆沢城を築くべく再度奥州へとおもむき、そのおり降伏した「夷賊の張本大墓公《たものきみ》、盤具公《ばんぐのきみ》、異種類六百余人」を率い帰郷した。田村麻呂は彼らのために助命嘆願したにもかかわらず、河内国《かわちのくに》杉山で斬られたという話となっている。

前述の「田村草子」とはかなり趣を異にするようだ。稗史《はいし》とよばれようが野史《やし》とよばれようが、ここに登場する個々の人物・地名・年代は、いずれもその実在性において、これを疑わせないリアリティーがある。『前々太平記』での田村麻呂像のほうが、史実性への加工が巧みである。そのかぎりでは、歴史への演出を心得たうえでの叙述ともいえる。

延暦年号がさりげなく登場する、さかしらなサービスもそうだ。ただし、延暦二十年云々に関しては、当時の文献からも推測できる。『日本紀略《にほんきりやく》』には、胆沢城使田村麻呂が大墓公阿弖流為《あてるい》・盤具公母礼《もれ》ら降人五百余人を率いた旨が記されている。延暦二十年の悪路王その他にかかわる記述は『日本紀略』にはなく、中世の『吾妻鏡《あずまかがみ》』および『元亨釈書《げんこうしやくしよ》』あたりが出典らしい。

まず『吾妻鏡』（文治《ぶんち》五年〈一一八九〉九月二十一日条）には、奥州合戦を終了した頼朝が胆沢の八幡宮に立ち寄り、その由来に言及した場面に、田村麻呂の弓矢奉納の記事が見えている。そして「田《た》谷窟《こくのいわや》」の由来についての記事にも、「是れ田村麻呂・利仁等の将軍、綸命《りんめい》を奉じ夷《えびす》を征するの時、賊主悪路王《あくろおう》並びに赤頭《あかがしら》等、塞《とりで》を構ふるの岩屋なり」（同二十八日条）と見える。さらに「坂上将軍此の窟の前に、九間四面の精舎を建立し、鞍馬寺に模して多聞天像を安置せしめ西光寺と号し、水田を寄付す」との記事が付されている。

田村麻呂と利仁との混同の原点は、どうやら『吾妻鏡』の記述ぶりにも一端の責任があったようだ。「田村草子」での悪路王や田谷窟と鞍馬寺・多聞天の関係の記述はここに由来する。ただしそれを延暦二十年のこととすることや、高丸の存在、さらに駿河清見関云々については『吾妻鏡』には見えない。

この点は鎌倉末期の仏教史書『元亨釈書』（「延鎮伝」）には、奥州逆賊の名が「高丸」と記され、「駿河国清見関」まで遠征したが田村麻呂の勢威をおそれ奥州に逃れ、「神楽岡《かぐらがおか》」で射殺された旨が指摘されている。

江戸期における『前々太平記』の描写は、右に見た二つの中世的伝説を混合したものであったことがわかる。当然ながら中世末から近世初期に成立した「田村草子」の場合、ここに示されていた「あくる王」「たか丸」の表現や、あるいは毘沙門天への信仰の描写には、『吾妻鏡』や『元亨釈書』の影響があった。

阿弖流為は『吾妻鏡』で「悪路王」と表現され、〝あくる・あくろ・あくじ〟と種々に読み換えられ、これに『元亨釈書』の高丸が結びつき、「あくじの高丸」の名が誕生したのだろう。それゆえに「悪路王」と「あくじの高丸」の両者は、同一実体のものと解してよさそうだ。

さらにいえば『平家物語』や『太平記』の影響も大きかった。とくに『太平記』には田村将軍伝説や利仁将軍伝説が取り上げられている。前者についていえば、たとえば源家相伝の鬼切《おにきり》の剣《つるぎ》の由来を語る部分で、田村麻呂が鈴鹿御前とともに戦ったおりの剣が鬼切であり、やがて田村麻呂はこれを伊勢神宮に奉納、その後頼光に伝えられたとの一節がある（巻三十二）。

この『太平記』の場面では、鬼切の剣を介し田村麻呂から頼光への武器継承の伝説が創造されている。いずれにしてもお伽草子の世界は、この『太平記』での記述がさらに脚色されたことになる。田村麻呂伝説の原点は中世に登場していたことを確認できよう。

『義経記《ぎけいき》』もまた、伝説の流布には一役も二役もかっていた。そこには田村麻呂が「あくじのたかまろ」を、利仁が「あかがしらの四郎」を討ったことが見えている。世阿弥の謡曲『田村』は、弥生《やよい》半ばの春のころに京都清水寺を訪れた東国の旅僧が、観音の加護で鈴鹿山の悪魔を平定した田村麻呂の霊と出会う話だ。ちなみにこの『田村』では「人皇五十一代、平城《へいぜい》天皇御宇」のこととしている。鈴鹿山の悪魔云々との関係でいえば、あるいは『賀茂皇太神宮記《かもこうたいじんぐうき》』に見える薬子《くすこ》の変《へん》の記述が基礎になっているのかもしれない。そこには田村麻呂が平城上皇の東国行きを阻止し、鈴鹿山で上皇側の藤原仲成《なかなり》の軍を討滅したとある。

『日本後紀《にほんこうき》』によれば、田村麻呂が嵯峨《さが》天皇の命を奉じ、平城上皇方を阻止したことは史実だが、その舞台を鈴鹿云々とするのは微妙である。いずれにしても、陸奥以外に鈴鹿の地が登場するのは、田村麻呂の晩年に起きた薬子の変へのかかわりが大きいようだ。

さらに十四世紀半ばの成立とされる、諏訪神社の縁起を記した『諏訪大明神絵詞《だいみょうじんえことば》』(『続群書類従』神祇部)には、田村麻呂が遠征途上、諏訪社に祈願し「安倍高丸」を達谷窟《たつこくのいわや》に討ったとの話を伝えている。観音や毘沙門天の加護、さらには諏訪明神への祈願など、神仏による霊験譚というかたちで登場するものもある。

藤原利仁将軍について

次に、利仁将軍に話を戻そう。まずは史実上の公約数を確かめることからはじめよう。

履歴書風に記せば、生没年不詳、藤原氏魚名《うおな》流、父は鎮守府将軍藤原時長《ときなが》。上野介《こうずけのすけ》、上総介《かずさのすけ》をへて、延喜《えんぎ》十五年（九一五）鎮守府将軍従四位下、左将監《さしょうげん》（『尊卑分脈』）、ということになる。ヒーローの系譜からすれば、利仁は田村麻呂とともに平安武者の原点に位置していた。われわれが知る利仁像の多くは、その虚像の部分だろう。右に指摘した官歴以外は、大半が説話なり伝説の類で占められている（この点、高橋昌明『東アジア武人政権の比較史的研究』校倉書房、二〇一六年も参照）。

多くの読者は芥川龍之介の「芋粥《いもがゆ》」の話を通して、利仁将軍を知っているかもしれない。『今昔物語集』（巻二六―一七）が原話だが、そこでは越前《えちぜん》の名士としての富豪ぶりが描写されている。武勇伝にかかわる逸話も多い。「心猛《たけ》クシテ、其ノ道（武勇）ニ達セル者ニテ」とは利仁の新羅征伐を語る『今昔物語集』（巻一四―四五）での表現だ。『打聞集《うちぎきしゅう》』（十三世紀半ば成立の仏教説話集）や『古事談《こじだん》』（十三世紀初めに成立した、平安中期までの史実・伝説を集録）にも同話があり、利仁の新羅征討譚はかなり広がっていた。

利仁は文徳《もんとく》天皇の時代に、鎮守府将軍として新羅征討を命ぜられる。事前にこれを察知した新羅側は法全《ほうぜん》阿闍梨《あじゃり》という「止事無《やんごとな》キ聖人《しょうにん》」に調伏《ちょうぶく》を依頼し、これがために利仁は遠征の途上に頓死《とんし》するという話である。例の「田村草子」で俊仁将軍が唐土の征伐にむかう話の骨格は、どうやらここにあるらしい。くわえてお伽草子の世界では、鞍馬寺の毘沙門天の加護云々が見えるが、これも室町期の成立とされる『鞍馬寺縁起《くらまでらえんぎ》』との関連が確認できる。参考までに読み下し文を付しておこう。

利仁鎮守府将軍たり。ここに下野国高麗国《こま》（高蔵山《たかくらやま》とも記す）の群盗、蟻《あり》のごとくに集まりて、千人党を結べり。……国の蠱害《こがい》ただ以てこれにあり。これによって公家忽《たちま》ち其《そ》の人を撰《えら》ばる。天下の推す所はひとえに利仁にあり。異類を討伐すべき由糸綸《よししりん》（天皇の命令）をこうむる。……当山（鞍馬寺）に参籠し、立願祈請するところなり。すなわち示現《じげん》ありて、鞭《むち》を揚げて首途し、下野国高蔵山麓に至着す。……利仁勝ちに乗じ逃げるを逐《お》う。一人当千し遂に凶徒を斬りて、馘《きりみみ》万ばかりを献ず。これを以て天下を振い、武略海内にかまびすし。

鞍馬寺に参籠し、霊威の示現を得た利仁は、その力で群盗を制圧したというものだ。下野国での話となっているが、ここには高麗なり高蔵なりの地名が見える。文脈上は高蔵山のほうが妥当のようだが、かりに高麗山だとしても、高麗国の群盗との理解でさほど支障とはならない。一般には新羅も唐土も高麗も、伝説的世界で異域・異類の地として認識されていた。そのかぎりでは蝦夷《えぞ》や俘囚《ふしゅう》も同様だろう。

利仁が鎮守府将軍となった十世紀初頭は、まさにこの下野をふくめた坂東は群盗・野盗がはびこる地だった。こうした点をふまえれば、王化《おうか》に服さない坂東の群盗は、征伐すべき対象ということになる。『鞍馬寺縁起』が指摘する「異類を討伐すべき」との天皇の命も、右の論点から了解されるはずだ。いずれにしても、ここに紹介した『鞍馬寺縁起』の世界は、十世紀初頭の利仁の時代を想像させるものであろう。とすれば、「田村草子」に見るお伽草子的世界での俊仁将軍の唐土への征伐と、鞍馬山での参籠という場面は、それまでのいくつかの伝説をつなぎあわせたものといえよう。

下野地域は奥州との境界をなし、俘囚・群盗が多かった。上野や上総の国司《こくし》をしつつ鎮守府将軍としての肩書を有した利仁は、まさしく彼らを鎮圧する役割を帯びた「軍事貴族」ともいうべき存在だった。ここで想起されるのは、坂東平氏の祖となる高望王《たかもちおう》が平《たいら》姓を賜与され、上総介として赴任したのが九世紀末の寛平《かんぴょう》期だとされることだ。広くいえば、これまた軍事貴族であり、九世紀から十世紀にかけては、群盗と俘囚勢力が蟠踞《ばんきょ》した辺境坂東に、彼らが軍事貴族として派遣された意味は大きい。

利仁は『平家物語』『保元物語』『義経記』などの諸作品に、田村・余五《よご》将軍（平維茂《これもち》）・平致頼《むねより》・藤原保昌《やすまさ》・源頼光《よりみつ》などとともに、平安武者の典型として系列化されている存在だった。そうしたなかで、田村将軍とともに、利仁がとりわけ後世の武将の祖とされるのはなぜなのだろうか。あるいは「田村・利仁が鬼神をせめ」（『保元物語』）と見えるような記述が示すように、彼らが一体化した表現で云々される意味は何なのだろうか。

おそらく、そこには異類・異域への征伐観が伏在していたはずだ。田村麻呂はその元祖であり、利仁はその武威を再生したもう一人の〝田村麻呂〟として位置づけられたのだろう。鬼神を征伐した両者が異名同体の存在として中世に伝説化された意味を、このように理解したいと思う。そしてこの場合の鬼神とは、辺境に位置した日本国の鬼門（＝東北の方向で邪気・悪疫の侵入口とされる）、すなわち奥州の蝦夷・俘囚がその実体ということになる。征夷将軍と鎮守府将軍という両者の肩書は、たしかにその任に最もふさわしくもある。

「征伐」の語威

その東北＝奥州に付着する「征伐」の語感について語りたい。「征伐」の語が具有する意味は多様だが、これが歴史としての意義をもち得たのは中世までであったようだ。以後は、征伐すべき対象や地域が日本から消滅したのである。別の表現をすれば、日本国の一体化が中世の誕生で実現したとも表現できる。

「田村草子」で語られる征伐対象は、つねに王権の周縁部だった。近江そして伊勢と、いずれも三関に位置する。さらに陸奥である。陸奥をふくむ東北は、悪路王伝説に象徴化されるように、「征伐」されるべき対象とされていた。田村麻呂でも利仁でも、彼らの武力制圧の原点として陸奥の鎮圧が伝説化されるのは、その「征伐」史観に深くかかわっていた。文明の練度からいえば、西高東低の様相にあった古代日本は、東夷を「征伐」すべき対象とした。

何度かふれたように、中世国家の原基は王朝国家の時代に形成された。その王朝時代の『陸奥話《むつわ》記《き》』には、坂上田村麻呂伝説が、そして『吾妻鏡』には悪路王伝説が見られた。多くの論者が指摘するように、頼朝の奥州合戦は前九年合戦の記憶の再生という一面をもっていた。そうした点からすれば、武威の来歴は「征伐」が前提だった。坂上田村麻呂はその意味で、源氏の諸武将の登場まで、大いなる役割を演じさせられていた。頼朝の奥州合戦はその意味で「征伐」の最終章に位置づけられる。中世武家の時代は、東北＝奥州を「征伐」することで誕生したという面もあった。

こうした戦乱の鎮圧者には、つねに神話的伝説が生まれる。将門の乱に関しては、平貞盛《さだもり》なり藤原秀郷なりの人物像が伝説化した。遅れたかたちで東の世界を射程に入れた源氏にとって、将門の乱の鎮圧に匹敵する武功者が必要とされた。頼義《よりよし》・義家《よしいえ》は、その源氏にとって東国の世界をわが物にするための布石ということになる。そうした意味から後世の源氏神話が、武威の原点を東北蝦夷の制圧に求めたのも当然だった。頼義・義家による前九年合戦は武門源家《げんけ》誕生の神話創始に欠くことのできない材料だった。

南北朝期の成立とされる軍記作品に『源威集《げんいしゅう》』があるが、そこに描かれている源氏の諸将の治績には、東北＝奥州との「征伐」のかかわりが大きな比重を占めていた。そこにあっても、東北は「征伐」すべき対象の異域として存在した。その「征伐」を将軍という職務において執行すること、それは同時に国家守護権の委任ということでもあった。軍事権門としての幕府の法的源泉は、まさにここにあった。（そのことのさらなる議論については、拙著『東北の争乱と奥州合戦』吉川弘文館、二〇〇六年も参照）

頼光と「酒呑童子」

田村麻呂や利仁とともに、王朝武者の典型とされるのが源頼光《よりみつ》だろう（近年の研究では、元木泰雄『源満仲・頼光』ミネルヴァ書房、二〇〇四年も参照）。スター性の点では、田村麻呂や利仁をはるかに凌《しの》ぐようだ。逸話・伝説の類は超弩級《どきゆう》といってもよい。酒呑童子をはじめ金太郎伝説、さらに羅生《らしよう》門《もん》の鬼退治など、武勇にちなむ話が頼光伝説《らいこう》には目白おしである。史実としての頼光が小さければ小さいほど、伝説としての虚像は大きくなる。この点では田村麻呂や利仁と同じだろう。これまた鬼神退治云々にかかわっている。

頼光像の伝説としての原点は、やはり『平家物語』なり『太平記』である。お伽草子「酒呑童子《しゆてんどうじ》」では、丹波の大江山に棲む鬼が財宝や京の美女を連れ去る事件が頻発、池田中納言の娘も行方不明となり、大江山の鬼の仕業と判明する。両親は悲嘆のあまり朝廷に訴え、鬼神征伐の命が頼光に下り、藤原保昌とともに卜部季武《うらべのすえたけ》・渡辺綱・平（碓氷《うすい》）貞光《さだみつ》・坂田公時《さかたきんとき》などの四人の従者が、山伏姿で大江山に向かうことになった。

出発に先立ち、頼光と保昌は石清水八幡へ、綱と公時は住吉社へ、そして貞光と末武は熊野社へ討伐祈願をし、「神変鬼毒酒《じんぺんきどくしゆ》」を神の化身たる翁たちから授けられ、千丈嶽《せんじようがだけ》に登り、羽黒山《はぐろさん》の山伏と自分たちを謀《たばか》って鬼たちを安心させ、ついに彼らを退治し、人質を解放、都へ連れ帰ったというストーリーである。

謡曲のなかの平安武者

ここに紹介したお伽草子の世界とは別に、頼光は能・謡曲のなかにも顔をのぞかせている。まず謡曲『大江山』は『大江山絵詞《おおえやまえことば》』を典拠としたもので、お伽草子の「酒呑童子」とほぼ同じ趣向といえる。丹波国大江山の鬼退治の勅命を受けた頼光《らいこう》（ワキ）は、従者をひき連れ山伏姿で大江山へと向かう。やがて鬼の頭目とされる酒呑童子（シテ）の住居に到着した一行は、酒宴で安心させ、これを討ち取るという骨格は同じだろう。

この場面で興味深いのは、頼光と保昌は「独武者《ひとりむしゃ》」と表現していることだ。いわば四人の前述した従者とは別に、独立・自立の武者というほどの意で、軍事貴族的な存在をこう呼称したのかもしれない。それは別にして、酒呑童子を謀った頼光たちの行為を「鬼神に横道なし」と批判し、人間世界の悪知恵・横道をはたらく彼ら「兵」たちを難じていることだ。しかし、勅命を受けての鬼神の征伐は、頼光たちにとっては王命たる以上、偽言もまた目的遂行のための「智恵」として考えられていることはおもしろい。

『土蜘蛛《つちぐも》』の場合、『源平盛衰記《げんぺいじょうすいき》』の「剣巻《つるぎのまき》」あたりが原典ということになろうか。病気の頼光を襲った土蜘蛛（シテ）に頼光が太刀をあびせ、その血の跡をたどり、独武者（ワキ）がこれを退治するという流れである。有名な「羅生門」については、羅生門に棲む鬼神（シテ）が主役で、頼光の従者渡辺綱（ワキ）が鬼の片腕を切り落とすという話である。

これらの諸作品には、王朝武者頼光の武勇が彩りをもって添えられており、酒呑童子＝鬼退治にまつわる世界が巧みに演出されている。ついでながらその「酒呑」の語義についても、いろいろあるようだ。文字どおり酒にまつわるところで酒天・酒顚・酒伝と、表現もさまざまだ。さらにお伽草子にはその素性を「本国は越後の者、山寺育ちの身なりしが……」とある。これを土台にしたのであろうか、江戸時代の『前太平記』（巻二十）に「越後の産、奇怪なる行ひ多く六歳の頃谷底に捨てられたる者」と見えている。こんなところから「捨て童子」を原義とする理解もある。

そもそも酒呑童子の正体は何であったのか。貝原益軒《かいばらえきけん》が指摘するように、それを山賊と解する立場もある。たしかに源氏系図には「頼光、伊吹山凶賊を誅す」とあり、これなどを参照したものだろう。さらにまた大江山の鬼神を疱瘡神《ほうそうがみ》との関連から解する立場もある。酒呑童子の朱色の色彩は、酒を好むという短絡的解釈よりも、疫病を象徴化した色合いとしての意味もあったようだ。疱瘡神が朱紅色であった理由はここに由来するらしい（高橋昌明『酒呑童子の誕生』中公新書、一九九二年）。

ところで酒呑童子が住した大江山だが、丹波と丹後との国境にあり、都の西北（戌亥《いぬい》）に当たる。

東北（丑寅《うしとら》）を鬼門とすると同じく、西北もまた黄泉《よみ》の国の方向という感覚で、人々はこの方向へ畏怖の念をもっていたようだ。大江山はこの西北に位置し、邪気や疫病（疱瘡）の侵入路に当たっていた。こうした諸点が酒呑童子のイメージを増幅させたことは疑いないだろう。

武威の磁場

酒呑童子を退治した頼光《らいこう》は、すでにふれた田村麻呂や利仁を凌ぐ伝説であふれている。一つには、彼の末裔が清和《せいわ》源氏の一流として武門へと連なるという来歴による。

嫡子の頼光《よりみつ》をふくめ、源満仲《みなもとのみつなか》の子息として有名なのは、次子頼親《よりちか》・三子頼信《よりのぶ》だろう。とりわけ頼信は、河内《かわち》源氏の祖とされ、平忠常《たいらのただつね》の乱を鎮定した人物としても有名である。その嫡流《ちやくりゆう》の頼義・義家を前九年および後三年の合戦で活躍し、鎮守府将軍として名をはせた。さきにふれた主従論議での説話にも登場した人物だった。この系統から義朝《よしとも》が登場し、保元・平治の乱を漕ぎぬく。その子が東国政権の創始者頼朝ということになる（河内源氏の昨今の研究として、元木泰雄『河内源氏』中公新書、二〇一一年があるので、参照のこと）。こうしたことで後世この流れが、清和源氏の嫡流のように考えられるようになった。

頼光の兄弟たちのなかでも頼親についてはどうか。彼は『尊卑分脈』に大和源氏の祖とあり、宇多《うだ》郡《ごおり》を本拠としたようだ。正暦《しょうりゃく》五年（九九四）三月には、叔父の源満政《みつまさ》や弟の頼信らと盗賊の捜索を命じられており（『本朝世紀』『日本紀略』）、「武勇の人」として活躍している。

頼親はその後、大和国守時代に興福寺と騒擾《そうじょう》事件をおこし、永承《えいしょう》五年（一〇五〇）正月二十日、土佐国へ配流《はいる》された（『扶桑略記《ふそうりやつき》』『百錬抄《ひやくれんしょう》』）。この頼親には頼房《よりふさ》をふくめ四人の子がいるが、頼房の系統には、のちに承久《じょうきゅう》の乱で京方武士となった頼清《よりきよ》・頼重《よりしげ》父子もいる。

そして当の頼光だが、この系統は父の満仲以来、摂津《せっつ》の多田《ただ》を拠点としその基盤を継承したため、摂津源氏とか多田源氏と呼称されている。その系統は嫡子頼国《よりくに》の第三子頼綱《よりつな》へと受け継がれる。この頼綱の子が仲政《なかまさ》、そしてこの仲政の子が源三位《げんさんみ》頼政《よりまさ》ということになる。以仁王《もちひとおう》の挙兵で中心的役割を担《にな》い、いわば治承《じしょう》・寿永《じゆえい》の内乱のきっかけをなした武者として知られる。

以上しるした簡略な履歴からもわかるように、義仲の清和源氏の拠点は摂津・大和・河内といった畿内にあった。頼信の家系が、以後その発展の活路を東国に求めたのに対し、頼光の子孫はむしろ、王朝内部の大内守護《おおうちしゅご》というかたちで、辟邪《へきじゃ》的武力の保持者として活躍する。

清和源氏の系譜には、この「奥州征伐」にかかわる伝説の流れと、大内守護にかかわる伝説の両者があった。武威の来歴を語るには、奥州をふくめた東国、そして京都をふくめた畿内という二つの磁場について考えておく必要があろう。〈磁場〉の語感には、武的な力が発散される源泉というほどの意味がある。われわれはこの磁場を耕すことで、問題をもう少しだけ掘り下げてみたい。

足柄山の金太郎、あるいは四天王

ここで伊吹童子《いぶきどうじ》の話を想い出していただきたい。文字どおり近江《おうみ》伊吹山を拠点とした話だ。お伽草子の「伊吹童子」は、十五世紀半ばに成立した『三国伝記《さんごくでんき》』〈巻六〉（インド・中国・日本の三国の仏法説話）を原典とするもので、盗賊伊吹弥三郎《いぶきやさぶろう》の話が伝説化されたものだという。大江山の酒呑童子とストーリー的に親戚関係にある。

武威の〈磁場〉でいえば、伊吹山は都の鬼門たる東北に位置した。例の『田村草子』の世界をもち出すまでもなく、近江の地は聖なる王権への出入ルートにあたった。そこは鬼神が暗躍する場でもあったようだ。その点では鈴鹿御前で有名な鈴鹿関《すずかのせき》も同様だろう。王権の聖地が有した異界（外国《げこく》）との境、つまりはバリアー（隔壁）としての意味を、畿内周縁に見出すことができる。

周縁に付着した土地の記憶という点では、頼光《らいこう》の四天王たちの伝説上の故郷を考えてみるのもおもしろい。四天王の呼称は鎌倉期の説話集『古事談』（巻二）あたりが初見らしい。この四人に誰をあてるかは諸説がある。一般には渡辺綱《わたなべつな》、坂田公時《さかたきんとき》、卜部《うらべ》（平）季武《すえたけ》、碓井《うすい》（平）貞光《さだみつ》（貞道）とされる。彼らの名は『平家物語』『源平盛衰記』で流布し、やがて近世の『前太平記《ぜんたいへいき》』あたりで完全に定着して市民権を得たようである。

まずは四天王随一とされる渡辺綱である。ともかく伝説上での活躍は、主人の頼光を凌ぐほどだった。活躍の場は一条戻橋《いちじようもどりばし》や羅生門などいろいろだが、鬼神とわたり合うこと数度におよぶ武者として知られている。系譜的には嵯峨源氏の源宛《あつる》（左大臣源融《とおる》の曾孫）の子で、その後源敦《あつし》の養子となり、渡辺姓を称したとされる。

摂津の大江御厨《みくりや》を拠点としたこの渡辺党は、滝口武者《たきぐちのむしや》を家職としており、鳴弦《めいげん》の儀《ぎ》での役割を担うなど、武力の呪性にかかわる血統証が認められていた。指摘されているような辟邪的《へきじや》武力を職能とした一族であった。くわえて淀川《よどがわ》水系に属す摂津渡辺の地が有した役割（都のケガレを海へ流出する浄化の場）にも注目しないわけにはいかない。これまた武威の磁場としての場面を想定できよう。

綱の保持した辟邪的職能は、鬼神との対決に彩りをそえるものだった。綱の有した辟邪性には、右の「武の呪性」と大いに関係があったにちがいない。

辟邪云々でいえば、卜部季武の卜部姓も神祇にかかわる卜兆《ぼくちよう》を職能とした名で、広く下総や常陸方面にも分布した。季武は勘解由判官《かげゆほうがん》の官歴を有したとされるが（『姓氏家系大辞典』）、平姓を名乗っていることから、養子関係もふくめ「兵」としての基盤の広域性について考慮すべき点も少なくない。

磁場の議論に戻ると、これまた名前だけは知らぬ者がいないはずの金太郎こと、坂田公時もおもしろい。「足柄山《あしがらやま》の金太郎」の話でもわかるように、相模・駿河の境域、足柄坂の出身とされる。坂東とは東海道の足柄坂以東、そして東山道の信濃・上野間の碓氷坂《うすいざか》以東の呼称だった。公時の出自がふれられているのは、浄瑠璃の世界が最初だった。定型が完成したのは、近松門左衛門の『嫗山姥《こもちやまんば》』（正徳二年）とされる（『日本伝奇伝説大事典』角川書店、一九八六年）。

頼光《らいこう》が東国への流浪の途上、信州路の山中で山姥の庵《いおり》に宿し、山姥の息子怪童丸《かいどうまる》を見出す。彼はやがて元服して坂田公時となる。だが、この話には金太郎の呼称もないし、足柄山という場もない。金時の幼名が怪童丸から金太郎となり、足柄山中で熊とたわむれる、童髪姿《わらわがみ》で鉞《まさかり》をかつぐ例のスタイルは、江戸中期の草双紙《くさぞうし》や絵本の類からである。

ともかく、坂田（あるいは酒田）に込められた意識は、坂・峠が有する異域性を随伴したことは疑いない。とりわけ坂東との境に位置する足柄坂にはその感が強く、公時（金時）の出身の地として大きな意味をもった。くわえて〈金〉の語がもつ鉄への信仰も、公時が金時と転換されるうえで意味を有したであろう。さらに坂田が酒田と表記されるのは、金太郎の風貌が朱のごとく赤いこと、これが酒気の要素にくわえ、そこに酒呑童子説話の混入があったことは否めない。

金太郎こと、坂田公（金）時が帯びた足柄（坂東）の武威の磁場についての思いつきを語ると、こんなことになろうか。同様に、四天王の一人として数えられる平貞道《さだみち》（貞光）が、碓井姓として登場するのも偶然ではない。予想どおり、彼もまた碓氷坂に縁があるとの伝説を形成する。

貞道（貞光）は、村岡五郎良文《よしぶみ》を父にもつ著名な武者だった。関東武士の先祖ともいうべき平良文は、村岡（村岳）の名字が付されるように、武蔵あるいは相模に開発の基盤を有した「兵《つわもの》」とされる。

この良文と源宛（綱の父）が原野で一騎討ちをしたとの有名な話は、すでに詳述した。

そのかぎりでは、伝説の世界ながら、綱とこの貞道の両者がともに頼光の従者とされているのは奇しき縁というべきか。説話からのメッセージのみで組み立てるならば、軍事貴族的風貌を有した地方名士たる良文なり宛が、私営田領主として領域拡大のなかで「兵《つわもの》の道《みち》」をかけた闘いをなし、その子の世代に属した貞道（貞光）・綱は、かつての敵人（宿敵）の枠を超えて都との往還をはたし、「都の武者」にふさわしい存在になっていったとの理解である。彼らは天慶の乱の功臣の子孫であり、地方への拠点化の礎《いしずえ》を築くうえで、頼光のようなより強力な軍事貴族と主従関係を結んだということになる。

それはともかく、貞道が父祖以来、坂東に拠点を有したことを考え合わせれば、碓井の名が冠せられていることは説話上での脈絡ではあるが、これまた異域的要素をはらむ武威の磁場といえそうだ。

伝説や説話が伝えるメッセージをどのようなかたちで読み込むか。この点でいえば、頼光《らいこう》伝説の周辺で浮上してくる問題をつまみ食いすると、右のようなことが頭にうかぶ。以下では肝心の頼光自身について掘り下げたい。

大内守護——武威の分水嶺

頼光《らいこう》の名が巷間《こうかん》に流布したのは、その音が〝来迎〟であったり〝雷公〟であったりと、浄土信仰や天神信仰とのかかわりもあろう。多くの伝説に彩られた生涯で注目されるのは、彼が大内守護の任にあったことによる（『尊卑分脈』）。内裏《だいり》の警護を職掌とする任についたのは、十一世紀初頭の寛弘《かんこう》年間（一〇〇四〜一二）のころと推測される。この大内守護は律令制下の衛府《えふ》の制の衰退にともない、内裏（天皇）を守護する役割を帯びたものだった。そこには単純に武力に秀でているという面のみならず、辟邪的要素を備えていることが要請された。

大内守護が実録的史料で確認できるのは、頼光の末裔頼政以後ということになる。この職務は頼光を起点に、その後頼政の子孫に継承され頼茂《よりもち》までつづいた。（『吾妻鏡』。なお、頼茂については承久の乱とのかかわりでいくつかの議論がある。拙著『承久の乱と後鳥羽院』吉川弘文館、二〇一二年を参照されたい）

頼政はよく知られるように、怪鳥《けちょう》の「鵺《ぬえ》退治」の主人公として知られる人物でもある。歌人としても著名で、『頼政家集』などからも大内守護在任の時期が判明する。すでにふれたが、治承・寿永の内乱は、この頼政が口火を切ることではじまった。

頼政以後、家職《かしょく》としての大内守護は、内乱期には頼政の子息頼兼《よりかね》が任じられ（『吉記《きつき》』）、その後はさらに頼茂へと継承されている。ともかく頼光の子孫たちが家職としてこの地位にあったことはやはりおもしろい。どうやら、この大内守護は頼光―頼政系により担われた職責という意味合いが強いようだ。

その大内守護に関する次の説話は興味深い。近衛院《このえ》が物怪《もののけ》に悩まされたおり、頼政がこれを退治したとの『平家物語』（巻四）の中身は、それなりに示唆的だろう。ここには、夜ごと内裏に出没した怪鳥を退治し、師子王の剣を賜わったことが見えている。時の左大臣頼長《よりなが》の「ほととぎす名をも雲井にあぐるかな」との上の句に、頼政が「弓はり月のゐるにまかせて」と下の句を付し、公卿たちを感動させたのはそのときのことだった。

それはともかく、説話の贅肉《ぜいにく》を削り取るならば、王権への守護をその中枢において担う大内守護の職掌が暗喩された内容、と読み解くこともできる。

この大内守護の原点は頼光にあった。というよりも、頼政流の人々が頼光を仰ぐことで、一族のアイデンティティの拠り所としたともいえる。この点では、頼光にも実は同様の話が伝えられている。「極《きわめ》タル兵《つわもの》」であった頼光が三条《さんじよう》院の東宮《とうぐう》時代に、寝殿の南東にいた狐を射たとの話（『今昔物語集』巻二五—六）がそれである。頼政伝説には、どうもこの頼光のイメージが重ねられている。

源氏神話という点でいえば、たしかに東国的武威を前提とする鎌倉の武権が主役となろう。だが、王朝的な武威の立役者、頼光・頼政系に引き継がれたもう一つの武威にも思いを致す必要もあろう。昨今注目される「辟邪の武」とは、王権への侵害や脅威をなす邪気や穢《けがれ》をはらう、マジカルな武力をいう。伝説としての頼光神話には、こうした隠された武の系譜がはらまれていた。

源氏神話の誕生――二つの光源

武威の来歴というテーマのもとに議論してきたことがらは、大きく二つに整理できる。一つは征夷なり鎮守の語感が併有する「征伐」史観についての問題である。そして二つは武力の霊的な威力にかかわるそれである。

前者は坂上田村麻呂・藤原利仁、あるいは俵藤太（藤原秀郷）といった異域征討伝説を大きな柱とし、最終的には頼朝の奥州合戦で完了する国家守護権に連動する内容である。「将軍」という形式において軍事権を執行する歴史的根拠、それはつねに征夷であり鎮守であった。そのかぎりでは奥州の地は、それを再生させる対象として意味をもっていた。鎌倉幕府が武権を確立するさいに、その神話を創生する場を奥州に求めたように、である。

前九年そして後三年の合戦にさかのぼり、さらにその原点を田村麻呂に求める状況は、過去の歴史を「征伐」という因縁で解するための神話ということになる。頼朝の源家は、その家筋から頼義・義家を再生・再燃させた。彼らが伝説の主役となる理由はひとえに、武権の覇者頼朝の血脈が根底にあるからだ。南北朝期に成立した源氏の勢威を語った『源威集』をひもとけば、そのあたりの事情も了解できるはずである。

そして後者については、頼光あるいは頼政という「大内守護」（王権守護）の任を家職・家業とする武の系譜の問題である。「辟邪の武」と表現されるその霊的側面の効用により、王権をその中枢において守ることが役目とされる。前述したように、頼光の酒呑童子伝説が他方で神仏的世界（石清水・住吉・熊野）を背負いつつ、従者＝四天王をこれに配置させる解釈は、このことと無関係ではない。伝説という場のなかで構築された頼光とその子孫たちへの思いのなかには、頼朝とその始祖の神話（奥州征討に代表される将軍系譜）とは別個の観念があったと判断される。

われわれが武威の来歴に二つの光源を見出そうとするのは、こうした背景を考慮してのことである。源氏神話の嫡流は、最終的には東国に拠点を据えた頼朝の血脈が継ぐことになる。頼光的世界での伝説は、そのかぎりでは武権の傍流として存在することで、自己を主張しつづけた。彼ら王朝武者は、王権の基盤たる京都を物怪・怨霊・邪気・鬼神から守ること（辟邪）、これも使命とされた。

それでは頼光―頼政ラインの武威が、中世国家の嫡流となり得る可能性はなかったのか。いまなぜこのような話題をもち出すのかといえば、中世の鎌倉の幕府は、かつてさかんに議論されたように、わが国の古代から中世への転換のなかで、唯一の必然的な権力であったのかという問題に接続するからである。結論をいえば、必ずしも唯一のあり方ではなかったのかもしれない。

おそらくは治承四年（一一八〇）の頼政・以仁王の挙兵は、その分岐点のうちでも最大のものだったろう。『吾妻鏡』的言説から解放されて歴史を読み返すならば、大内守護たる頼政が王権の危機に臨み、挙兵したこのことの意味を、たんに頼朝へのリリーフとしてのみ理解すべきではなかろう。むしろそこには頼光以来の「都の武者」の流れ（その主流は実は平氏が担ったのだが）、ともかく平氏に代わるべき王権の守護者への自覚ともいうべきものが頼政系の武士にあったことは否定できないと思われる。

少し話が拡散しすぎたようだが、頼光その人と、そこから広がる伝説的な世界をふまえるならば、鎌倉的武威（征伐的要素）のみが唯一の中世の形態ではなかったことは考慮しておく必要がある。しかし、中世の現実は東国的な武威を選択することで、国家の軍事権門の地位を幕府に与えた。幕府の諸国守護権には、元来ルーツを異にする頼光—頼政的な大内守護権も流れ込む。王朝武者の職責・職能（辟邪の武）の延長には、東国的武威とは別のものがあったが、それは頼朝に流入することで、源氏神話の構想に寄与した。頼朝に与えられた日本国総守護職の中身にはこうした問題もありそうだ。

征夷なり、征伐なりの軍事的要素を武権の象徴とみなせば、清和源氏の血脈では、頼光の弟頼信の家系が継承した。他方、頼光の家系は、玄孫の頼政に至るまで歴史の舞台には浮上してこないのである。歴史のなかに埋没した記憶を浮上させるには、実録的史料のみからでは語り尽くせない世界もあるようだ。

こうした視点で『源平盛衰記』の「剣巻」を読むと、興味深い場面に遭遇する。そこには源家相伝の名剣の行方を介して、源氏が武権を確立する過程が指摘されている。満仲が頼光に伝えたという「鬚切《ひげきり》」と「膝丸《ひざまる》」の二つの名剣は、結局頼義・義家へと継承されるというストーリーとなっている。
この宝剣継承説話には、不思議にも頼信の名が見えない。平忠常の乱を平定したあの頼信に関しては、神話を構成する要素としていささか物足りなかったのではないか。武威の最大の磁場ともいうべき奥州とのかかわりが頼信には見当たらなかったことも理由の一つだろう。

「剣巻」より

最後に、右にふれた『源平盛衰記』所収の「剣巻」を紹介しよう。太刀の威力で源氏が政権を握るまでの過程を説話風に記したもので、かなりの長文でなかなか読みごたえもある。以下、省略をほどこしつつ示しておく。

抑々《そもそも》日本に多くの剣あり。所謂《いわゆる》宝剣、十柄《とつか》・鬚切《ひげきり》・膝丸《ひざまる》・小鴉《こがらす》なり。鬚切・膝丸と申す二つの剣の由来を尋ぬれば、人王五十六代の帝《みかど》をば、清和天皇とぞ申しける。皇子余多《あまた》まします。中にも第六の皇子をば貞純《さだずみ》親王、御子経基六孫王《つねもとろくそんのう》、その嫡子多田満仲《ただみつなか》上野介、始めて源氏の姓を賜はつて、天下を守護すべきの由、勅宣を蒙《こうむ》りてけり。満仲宣《のたま》ひけるは、「天下守るべき者、好《よ》き太刀を持たでは如何せん」とて、鉄《くろがね》を集め鍛冶を召し、太刀を作らせて見給ふに、……実《まこと》に最上の剣二つ作り出す。……満仲大きに悦びて、二つの剣にて有罪の者を切らせて見給ふに、一つの剣は鬚《ひげ》を加へて切りてければ、「鬚切」と名附けたり。一つをば膝を加へて切りければ、「膝丸」とぞ号しける。満仲、鬚切・膝丸二つの剣を持ちて天下を守護し給ひけるに、靡《なび》かぬ草木もなかりけり。

かくて嫡子摂津守《せつつのかみ》頼光の代となりて、……その頃摂津守頼光の内に、綱・公時・貞道・季武とて四天王を仕《つか》はれけり。中にも綱は四天王の随一なり。……一条大宮なる所に頼光聊《いささ》か用事ありければ、綱を使者に遣《つか》はさる。夜陰に及びければ鬚切を帯《は》かせ、馬に乗せてぞ遣はしける。……一条堀川の戻橋《もどりばし》を渡りける時、東の爪《つめ》に齢《よわい》二十余りと見えたる女の、膚《はだ》は雪の如くにて、……やがて厳《いつく》しかりし姿を変へて怖しげなる鬼になりて、「いざ、我が行く処は愛宕山《あたご》ぞ」と言ふままに、綱が髻《もとどり》を掴《つか》んで提《ひつさ》げ、乾《いぬい》の方へぞ飛び行きける。綱は少しも騒がず件《くだん》の鬚切をさつと抜き、空様《そらざま》に鬼の手をふつと切る。……この鬚切をば鬼の手切りて後、「鬼丸」と改名す。

同年の夏の頃、頼光瘧病《おこりやまい》を仕出だし、如何に落《おと》せども落ちず。……幽《かす》かなる燭《ともしび》の影より、長《たけ》七尺ばかりなる法師するすると歩み寄りて、縄をさばきて頼光に附けんとす。頼光これに驚いて、がばつと起き、……枕に立て置かれたる膝丸おつ取りて、はたと切る。四天王ども聞きつけて、我も我もと走り寄る。……灯台の下を見ければ血こぼれたり。……これを追ひ行く程に、北野の後《うしろ》に大きなる塚あり。彼の塚へ入りたりければ、即ち塚を掘り崩して見るに四尺ばかりなる山蜘《やまぐ》蛛《も》にてぞありける。……これより膝丸をば「蜘蛛切《くもぎり》」とぞ号しける。

頼光の代より出羽守頼基《でわのかみよりもと》の手に渡る。天喜《てんぎ》五年、頼光の弟河内守《かわちのかみ》頼信の嫡子伊予守頼義《いよのかみよりよし》、奥州の住人栗屋《くりや》河次郎安倍貞任《あべさだとう》、舎弟鳥海《とりみ》三郎同じく宗任《むねとう》兄弟謀反《むほん》の由、その聞えありければ、彼の討手に下さるる時、兼陸奥守《むつのかみ》になし、源氏重代《じゅうだい》の剣、鬼丸・蜘蛛切、頼基が許《もと》にありけるを宣旨にて召し出だされ、頼義朝臣に賜ひてけり、……

鬼丸・蜘蛛切二つの剣をば頼義朝臣より嫡子八幡太郎《はちまんたろう》義家に譲りけり。ここに出羽の国山北金《せんぼくかね》沢《さわ》城に楯籠《たてこも》りたる武衡《たけひら》・宗衡《むねひら》謀反の由《よし》聞えければ、国中の乱を鎮めん為に義家馳せ向ふ。猛き兵《つわもの》なりければ左右なく落す。三箇年に滅びにけり。頼義の九箇年の戦と、義家の三年の軍を合はせて、十二年の戦とは申すなり。何《いず》れも剣の徳に依《より》て敵をば取りてけり。

義家子共多くありけれども、嫡子対馬守義親《つしまのかみよしちか》は、出雲国にて謀反の聞えあるに依て、因幡守正《いなばのかみまさ》盛《もり》を追討の使に下されて彼の国にて討たれぬ。二男河内判官義忠《ほうがんよしただ》・三男式部大輔義国《しきぶたいふよしくに》、これらにも譲らず、四男六条判官為義《ためよし》譲り得たり、……抑々《そもそも》為義が伝へ持ちたる二つの剣終夜《よもすがら》吼《ほ》ゆ。鬼丸吼えたる音《こえ》は獅子《しし》の音に似たり。蜘蛛切が吠えたる音は蛇の泣くに似たり。故に鬼丸をば「獅子の子」と改名し、蜘蛛切をば「吼丸《ほえまる》」とぞ号しける。かかる処に源平たて分れて合戦あるべき由聞えけり。……為義の聟《むこ》熊野の別当教真《べっとうのりさだ》なり。舅《しゅうと》の方人《かたうど》の為にとて上りたる由言ひければ……志の余りにや、重代一具の剣を取分けて、吼丸を聟の引出物にぞしたりける。教真別当この剣を得て、「これは源氏重代の剣なり、教真が持つべきに非《あら》ず」とて、権現《ごんげん》に進《まい》らせけり。さて為義一具に持ちたりける剣を一つ失ひて、片手のなき様に覚えければ、播磨国《はりまのくに》より好き鍛冶を召し上せ、獅子の子を本にして、少しも違へず造らる。最上の剣なりければ、悦び給ふ事限りなし。目《め》貫《ぬき》に烏《からす》を作り入れたれば、「小烏《こがらす》」とぞ名づけたる。

為義は獅子の子、小烏とて一具にして秘蔵しけるが、今の小烏、二分ばかり長かりけり。或時二つの剣を抜きて、障子に寄せ懸けて置かれたりけるが、人もさはらぬに、からからと倒るる音聞えければ、……日来《ひごろ》は二分ばかり長しと思ひつる小烏が、獅子の子と同じ様になりにける。……これは一定《いちじよう》獅子の子が切りたるよと心得て、獅子の子を改名して「友切《ともぎり》」と名づけたり。……彼の友切・小烏、二つの剣を嫡子下野守義朝《しもつけのかみよしとも》にぞ譲られける。

かかりし程に保元の合戦出で来たり。義朝は内裏へ召され、為義は院の御所へ召され、子ども六人相具して院の御所へぞ参りける。……義朝ばかり残りたりけれども、平治《へいじ》元年に悪右衛門《あくうえもんの》督信頼《かみのぶより》に語らはれて謀反を起し、子ども多く持ちたりしかども、三男右兵衛佐頼朝《うひようえのすけよりとも》として十三になりけるを末代の大将とや見給ひけん、殊《こと》に玩《もてあそ》ばれ生絹《うぶきぬ》といふ鎧《よろい》を着せ、友切《ともぎり》という剣帯《は》かせ、先に打立ちけり。されども朝敵なればにや、軍《いくさ》に打負けて、義朝は都を落ちて西近江比良《ひら》といふ所に留まりて、終夜《よもすがら》八幡大菩薩をぞ恨み奉りける。

「昔はこの剣を以て敵を攻めしに、靡かぬ草木も無かりしに、世の末になりて剣の精も失せぬるにや。大菩薩も捨てさせ給ひたるか。……」とて、まどろみたる御示現《ごじげん》に曰く、「我、汝を棄つるに非《あら》ず。所持の友切といふ剣は、満仲が時俄《にわ》かに与へし剣なり。鬚切・膝丸とて始めの任《まま》にてあらば、剣の用《はたらき》も失すまじきを、次第に名を附け替ふるに依て、剣の精も弱きなり。ことさら友切といふ名を附けられて、敵をば随へずして友切りとなりたるなり。保元に為義が斬られ、子ども皆滅ぼされしも、友切といふ名の故なり。今般軍に負けしも友切といふ剣の名の科《とが》なれば、全く我を恨むべからず。昔の名に返したらば末は頼みもあるべし」と分明に御示現ありければ、義朝、覚めて誠に浅ましく覚えける。

「この事を承るに、悪しく附けられたりける物かな。さては昔に返すべし」とて、「鬚切」とぞなされにける。さて比良を立って高島を通りけるに、頼朝、馬眠《うまねぶ》りして父に追ひ遅れたり。その辺りの者ども七八十人馳せ合ひて虜《いけど》らんとしたりけるに、頼朝打驚きて鬚切を抜きて打払ひければ、創《きず》を被《こうむ》る者もあり、又死する者も多かりけり。鬚切に帰るぞ験《しるし》とぞ覚えける。……義朝は朝《とも》長《なが》ばかりを相具して、美濃青墓《みのあおはか》の遊君が許《もと》に留まりて、……平治二年正月一日の早朝に主従二人討たれにけり。……忠致は主従二人の首と、小烏といふ太刀とをば都に上せ、平家の見参に入りてけり。

兵衛佐頼朝は、山口に棄てられたりしが、……熟々《つらつら》案じけるは、「我、隠れ居てあるとも始終はあらはれなん。身こそはさて果つとも、源氏重代の剣を平家に取られん事こそ心憂けれ。如何にして隠すべき」……「尾張の熱田《あつた》の大宮司は、頼朝が為には母方の祖父なり。……然るべくは、熱田の社《やしろ》に進《まい》らせ置きてたび候へ」……二十一年経て、三十四と申しける治承《じしょう》四年夏の頃……謀反を発《おこ》されける時、熱田の社に籠められし鬚切を申し出だして帯しけり。さてこそ日本五畿七道をば打ちしたがへ給ひけれ。……

粗筋のみを記すと、次のようになる。

〈源満仲は天下を守護するために鬚切と膝丸という二腰の剣をつくらせた。嫡子頼光の時代に鬚切の方は四天王の一人渡辺綱がこれを用い鬼を切ったので鬼丸と改名、他方の膝丸は頼光が山蜘蛛を退治したことから蜘蛛切と命名された。この二つの剣はその後、頼光の弟頼信の嫡子頼義さらにその子義家へと相伝され、前九年・後三年両役では剣の精により敵を討滅させた。義家の後は為義がこの二つの剣を譲られ、鬼丸は獅子の子、蜘蛛切は吼丸とそれぞれ改名された。このうち吼丸は為義の聟、熊野の別当教真に贈られたので、為義はもう一つの獅子の子を手本に小烏という剣をつくらせ秘蔵するが、二分ばかり長目の小烏は、獅子の子の威力で同寸の太刀に変わったことから、獅子の子は友切と改名され、やがて為義から嫡子の義朝へと譲られた。保元合戦の後、平治の乱におり、友切の剣は嫡男の頼朝に与えられるが、敗北した義朝に八幡大菩薩の託宣が下り、数度の改名で剣の精が弱まっていること、とりわけ友切の名は縁起も悪く、元の鬚切の名に復すべしとされた。その後義朝は尾張で殺され、彼の所持した小烏の剣は都の平氏に献上され、頼朝の所持した友切は鬚切の名にもどり母方の実家熱田社へと奉納され、その後治承四年に伊豆で頼朝が挙兵するに及び、鬚切は彼の手元に収められ、その威力で全国を平定した。〉

概略はこんな内容となろうか。満仲から頼朝に至る源家相伝の剣にまつわる話を通じ、武家(源氏)勢力の台頭を記したもので、一種の刀剣霊威譚といってよいだろう。「鬚切」「膝丸」両刀の行方を軸にストーリーが展開されており、刀剣の威力が説話風に描かれている箇所も少なくない。

「霊剣」の行方

刀剣の霊威云々を除けば、ウソも多いが大筋としては史実に合致する場面も多い。霊威譚がそれ自体として当時の人々に受け入れられていた状況を考えた場合、中世説話のおもしろさがそれなりに感得できるはずである。こうした前提に立ったうえで、「剣巻」に見える霊剣の行方を簡単に整理すれば、次のようになろうか。

まず「鬚切」については頼光の時代に「鬼丸」と改名、その後為義のころに「獅子の子」となり、これをモデルに「小烏」が誕生、義朝へと伝えられた。「友切」に改名後の「獅子の子」と「小烏」両剣のうち、前者は頼朝が、後者は義朝が所持し、その後の八幡神の示現で「友切」は「鬚切」の名に復した。

他方の「膝丸」については、頼光のときに「蜘蛛切」と改名、為義の時代には「吼丸」と命名され、やがて娘聟の教真に伝えられた。以上のようになるが、前述の「剣巻」引用部分では紙幅の都合もあり教真に伝えられた「吼丸」以後の話は割愛したが、原文ではその後熊野別当湛増《たんぞう》の手で義経へと伝えられ、「薄緑《うすみどり》」と改名され平氏討滅に役立ったとある。義経は逃亡途上、箱根権現にこれを奉納、やがて曾我兄弟の手をへて、最終的に頼朝のもとに返るという流れとなっている。

ここで興味深いのは、頼朝へと流入する源氏の「霊剣」の最終ラウンドで、義経あるいは曾我兄弟といった敗者たちが名をつらねている点である。勝ち組により予定調和で語られる頼朝的史観とは別個の歴史の可能性を、義経や曾我兄弟に代弁させているのは興味深い。あるいは、たとえば義経に関しては、王朝的武威の系譜につらなる世界があったかもしれないからだ。

義経の後白河による官職任官（王朝的武威）とは、煎《せん》ずるところ東国的武威の代表者頼朝を制する方策だったとの解釈もある。その点からすれば「剣の巻」の読み解き方として、王朝と東国の対抗の構図を考えてみるのも一興だろう。

次ページの図は両剣の相伝関係を略記したものだが、ここから判明するように「鬚切」「膝丸」の両者が源氏勢力の拡大にさいし、大きな役割をはたしている。

史実レベルでいえば、満仲・頼光は摂関《せっかん》家の侍として「都の武者」の地位を確立した人物である。

太刀の行方

満仲→頼光・頼義・義家→為義→義朝・頼朝

鬚切→鬼丸→獅子の子→友切→鬚切

獅子の子→小烏→小烏

膝丸→蜘蛛切→吼丸→薄緑

（吼丸）教真　（薄緑）義経、曾我兄弟

満仲に関しては安和《あんな》の変でその基盤を確かなものとし、頼光はこれをさらに発展させ、「兵の家」形成に大きな地歩を築き「兵《つわもの》受《ず》領《りょう》」ともよぶべき存在だった（元木泰雄『武士の成立』吉川弘文館、一九九四年）。摂津・河内・大和などの畿内を拠点とした源氏勢力がさらなる飛躍をとげたのが、坂東の反乱（平忠常の乱）の平定に尽力した頼信とその子孫頼義・義家である。彼らはよく知られているように前九年・後三年の両合戦を通じ、武名を挙げ、武家の棟梁としての基礎を東国方面に広げた。

義家死後、源氏の内紛が表面化する。為義・義朝時代は東国へと勢力を拡大した源氏一門が、院に登用されつつあった平氏との対抗上、再度都を中心に新たな脱皮をはかる段階でもある。保元・平治の両乱は、「武者ノ世」への第一歩を象徴する事件だった。そして頼朝である。東国を拠点とした「反乱」は、やがて全国的規模の「内乱」へと転化し、武家政権樹立が達成されることになる（拙著『武士の誕生』日本放送出版協会、一九九九年。のちに講談社学術文庫、二〇一三年）。

「剣の精」に仮託された源氏勢力の盛衰がそれなりに説得力をもち得るのも、右に述べた大局的な流れを前提としたからにほかならない。もちろん「剣巻」に指摘されている細部の叙述には修正を要

するものも多いが、説話としての読み方を心得ているならば、それなりのメッセージも受信できるだろう。

あとがき

お読みいただいてわかるように、本書は平安時代の「兵」（つわもの）・武者（むしゃ）の生態を説話でつづった内容となっている。つまりは鎌倉以前が対象である。

これまで筆者は中世武士論を主な研究対象としてきた。『武士の誕生』（日本放送出版協会、一九九九年。のちに講談社学術文庫、二〇一三年）、『その後の東国武士団』（吉川弘文館、二〇一一年）などは、その主要なものである。その点では、本書は武士以前をテーマとしており、いささか事情を異にする。「兵」（つわもの）とよばれた段階の話が中心となっている。平安時代限定の世界、しかも、説話・謡曲・お伽草子《とぎぞうし》といった虚実入り混じる内容となっている。当たり前だが、武家政権＝鎌倉幕府を射程とした正統路線からは少し逸脱している。

平安武者や兵を主題にした仕事として、以前に『説話の語る日本の中世』（そしえて、一九九二年。のちに新人物往来社、二〇〇五年）、『蘇る中世の英雄たち』（中公新書、一九九八年）など、文学や芸能のジャンルを手がけたことがあった。

今回、本書を作成するにあたっては、この二著をベースに新稿をくわえ、かたちとした。とりわけ本書の過半は『説話の語る日本の中世』を再利用した。二十年余以前に成した内容で改稿すべき諸点も少なくなく、補筆・訂正したかたちで書き上げたものが本書ということになる。くわえて領主制論・職能論をめぐる武士研究について、鳥瞰《ちょうかん》的な見取図を自己のなかで見出していなかったこともあり、兵から武士への流れをあらためて考えることで、整合的な武士論を組み立てる機会を得たかった。おりしもＰＨＰ研究所の編集部からの求めで〝説話を素材とした武士の論を〟との要請でとりかかったものだった。これまでの既成の仕事を再加工し、整形をくわえながら形に仕上げることになった。その意味で、すべてが書き下ろしではなく、三割程度の新稿でお茶をにごした感がないとはいえない。近年の研究で、参照すべくして消化できていない著書や諸論文も多いと思う。とりわけ文学分野からのものについては不十分だろうと自覚もし、反省もしている。

それはともかくとして、本書全体の主題ははっきりしている。王朝武者の実像を説話を介して多面的に紡《つむ》ぎ出すこと。そしてそれがその後の武士にどう連結するか。これこそがポイントである。

これまでも該分野の書物を上梓し、いつも思うことがある。今回もまたそうだが、書き終えるたびに、自身がなした仕事の立ち位置の始末のつけ方である。刺激的な一書をとつねに思いつつとりかかるのだが、いつも不安が去らない。誤解や誤りがあるのではないか、とのおびえである。

歴史という不断の時間の流れのなかで、歴史学は過去をどう解釈するかという一点に比重がかけられている。したがって、歴史的な諸事件を時間の文脈のなかで、どこの箇所に句点や読点を付せば秩序ある整合的解釈になるのか。そのための提案だと思っている。

今回も説話史料を介して、先学の研究成果を吸収しながら、句点や読点をほどこしたが、〝言いっ放し〟的無責任さも行間にはにじみ出ているのかもしれない。表現に〝スベリ〟はないのか、思考に〝ユラギ〟がないのか、自身の構想したストーリーがうまく合致しているのか、さまざまな思いが過《よ》ぎる。本書もまた自身にとっては里程《りてい》の一つにくわえることができればと思う。

いずれにしても、説話やお伽草子の世界が発信する豊かなメッセージを読者の方々と共有できれば幸いである。

最後になったが、本書挿入の写真の多くを日本文学文理学部図書館および鶴見大学図書館所蔵の貴重本からご提供いただいた。記した謝意を表する次第である。

二〇一四年三月

関　幸　彦

平安武者の語られ方―「田村麻呂」と「将門」

兵・武者の生態については、説話を材料に本書でも語ったところだ。彼らは中世社会にあっては武家に統合され、「幕府」という組織体に多くは組み込まれる。暴力的要素が横溢する「兵」的世界を脱皮、幾つかの段階をへて新たな秩序への組み込が完了する。武士は「幕府」なる軍事団体に収斂される。それにより王権（天皇・公家）と協調するシステムが誕生する。ここでの課題は『平家物語』などの軍記でお馴染《なじ》みの坂上田村麻呂と平将門の二人の平安武者の〝語られ方〟を探ることにある。〝語られ方〟を考えることで、虚構の認識のされ方が歴史観にどう作用したのか。このあたりを探りたい。

謡曲「田村」から

室町期の「謡曲」（能の詞章・台本）には、王朝武者の記憶が息づいている（補注1）。「修羅物《しゆら》」と呼称されるジャンルは武者・武人と覚しき人々の宝庫でもある。虚実合体したその姿は、平安・鎌倉の各時代をへて、濾過された王朝武者のイメージも伝えられている。「修羅」とは元来阿修羅《あしゆら》の略で帝釈天《たいしやくてん》と戦う悪神の象徴の意である。戦うことを宿命づけられた武人たちを形容したものだ。概して敗者になった人々を指すようだ。

『平家物語』に登場する謡曲的世界の武将たちもこれに属した。ただし、なかには「勝修羅《かちしゅら》」の呼称で定着している演目もある。坂上田村麻呂に取材した「田村」はその代表だろう。平安武者の原点として軍記・説話でも田村麻呂はその嚆矢《こうし》に位置する。「東夷の辺土を平らげし忠」（『源平盛衰記』巻六）「田村・利仁が鬼神をせめ」（『保元物語』上）等々と表現され、その登場回数は指を屈するほどである。神仏的霊威と同居する謡曲「田村」の場合、清水寺《きよみずでら》の観音信仰の仏力と合体したマジカルなパワーが底流にあった。

仁王（皇）五十一代、平城《へいぜい》天皇の御宇《ぎょう》にありし、坂上の田村丸、東夷《とうい》を平らげ悪魔を鎮め天下泰平の忠勤たりしも、即ち当寺（清水寺）の仏力なり

謡曲「田村」の〈中入《なかいり》〉後の詞章は右の独白から始まる。かくして「勢州鈴鹿《ぜいしゅうすずか》の悪魔を鎮め、都鄙《とひ》安全になすべし」との宣旨の意を受け、軍兵を率い平定に向うとのストーリーである。「普天の下、卒土の内、いづく王地にあらざるや」との成句を挙げつつ、鬼神と修羅の激闘を演ずるという内容である。

世阿弥ないしそれに近い人物が作者とされているが、その作者論議は別としても、謡曲的世界での田村麻呂像には室町的精神が宿されているという点は、考えておく必要がある。武家が「幕府」として安定した時代のなかで、朝家《ちょうけ》の連携という認識が謡曲「田村」にも反映されていると思われるから

である。

小稿での問題関心と符合させるならば、田村麻呂の武力を「武威」のレベルに高め、それを保証したものは、朝家の「王威」であり、神仏の「霊威」にあるとの流れとなっている。武力（武威）体現の前提ともいうべき王威と霊威の三位一体観は「中世神話」の必須要件ということができる。

「王威」再生の場

謡曲「田村」と親和関係にあるものとしては、お伽草子《とぎぞうし》の「田村草子」がある。田村麻呂と藤原利仁《としひと》の両者を併有させた荒唐無稽《こうとうむけい》さはあるものの、これまた室町期の気分が横溢している。ただし、そこでは謡曲と異なり「王威」にまつわる二つの場が設定されていた。征夷の象徴としての「外ケ浜」と畿内の境界の一つ伊勢「鈴鹿関《すずかのせき》」である。けれども謡曲「田村」にあっては、後者が選択されている。

鈴鹿の場合は説話類に登場する「鈴鹿御前《ごぜん》」の記憶とは別に、大同年間（八〇六―八一〇）での藤原薬子《くすこ》の変の史実が大きかったのかもしれない。田村麻呂といえば「征夷」との連想で取沙汰されるのが奥州世界（外ヶ浜）云々だが、この謡曲「田村」にあっては、鈴鹿関の比重が大きい。それは既述したように坂上田村麻呂の薬子の変にさいしての鈴鹿方面での武力発動が関係していた。併せて、伊勢鈴鹿の有した聖域境界性も小さくなかった。

光仁・桓武・平城・嵯峨の各天皇の時代に生きた田村麻呂の功績は蝦夷戦争とともに薬子の変での

活躍が大きい。

「鈴鹿の悪魔」「都鄙の安全」とは群盗・盗賊横行との関係で鈴鹿という場と親和性を持つ。鈴鹿関での「悪魔」鎮圧は王威（王権）の存立の絶対条件だった。それ故《ゆえ》に歴史上の個性ある事件を陰喩《いんゆ》する話柄に好都合だったともいえる。

このことは、謡曲「田村」において鈴鹿の地に関連して「藤原千方《ちかた》」なる武者を登場させたことでも了解される。「いかに鬼神も慥《たしか》に聞け、昔もさる例あり、千方と云し逆臣に仕えし鬼も王位を背く天罰により、千方を捨つれば忽《たちま》ち滅び失せしぞかし」との詞章がそれである。ここに登場する藤原千方については、伝承では、伊勢の地を領し天皇の命に随わなかった存在とされている。彼は金鬼・風鬼・水鬼・隠形鬼の四神を駆使した「逆臣」とされた。『太平記』（巻十六）にはその千方の逸話が語られている。

史実性云々から荒唐さは否めないものの、鈴鹿の地勢から連想される伝承を田村麻呂の鬼神退治と結合させたストーリー構成に合わせて持ち出されたのだろう。

そもそもこの話の原典は、鎌倉期の弘安年間の成立とされる『古今集序聞書・三流抄』にあったという。鬼神をも和ませる和歌の徳と効能から連想されたものだった。「草も木も吾《わが》大君の国なれば、いずくか鬼のすみかなるべし」との歌に、天皇の徳に伏した四鬼が千方を見捨て、鈴鹿の地を返上するとの話となっている。つまりは「普天卒土」観の変形バージョンということができる（補注2）。

田村麻呂という記憶

話を元に戻せば謡曲「田村」にあっては、その千方云々も「逆心」の故に敗走した過去を語りつつ、田村麻呂率いる軍兵が悪事をなす勢力と激闘を演じ、千手観音の「仏力」（法力）もあり、それを倒すというものだ。謡曲「田村」にはある種の史実を足場とした田村麻呂像が見える。そうした田村の武人像の源流は『平家物語』において指摘され、謡曲的世界でより強固な形でフレームアップされたものといえる。一言でいえば「田村」に語られている武人像は、王威・王権の忠実なる体現者としてのそれだった。

室町期に誕生をみた謡曲的世界での武者像の多くには、王権護持のそれであった。祖型という点では『平家物語』がそれに一役買ったことは否めない。天台座主《ざす》・慈円周辺で耕された原『平家物語』の構想や骨格に貫流する基調は、王威・王権の護持の観念であった（この点、拙稿「宝剣伝説を読み解く」、倉本一宏編『説話研究を拓く』思文閣、二〇一九年）。それ故に王威・王権を否定する諸勢力は滅びる宿命にある。清盛の平家一門は諸種の悲劇を内包しつつも、「逆臣」に位置したが故に滅びるのである。盛者必衰の構図の前提にあるのは王威礼賛思考だった。

室町期の謡曲的世界には、王威（王権）の安全弁が演出されている。『平家物語』的史観（公武合体史観）は、あるべき秩序（「幕府」という形で武権の定着がなされ、諸国守護の権限を執行する）を代弁した最良の〝資料〟だったことになる。少なくとも謡曲の詞章には、朝家と共存する武家を受容する言説で満ちていた。「公武合体」・「公武協調」路線という歴史認識が摺り込まれている。『平家物語』を換骨奪胎《かんこつだったい》するほどに、高い次元の王権賛美に向けて、その神仏観や神国観と親和性を有していた。そうした観念を総動員しての〝仕懸け〟が謡曲世界の随所に施されている。夢幻能《むげんのう》という形式をとる多くの修羅物には「ワキ」として、必ず「諸国一見」の僧侶なり神官などを配するのはその現われだった。神仏世界と同居した聖性を有した人々を都鄙往還者として配する演出は、室町期ならでは時代精神があった。謡曲的世界を誕生させた時代の意思も、そこにあった。

「田村」を素材に平安武者像の語られ方を考えようとしたのは、中世武士像への助走に繋げたかったからだ。謡曲的世界の土台ともいうべき『平家物語』的武人像や武士観は中世という時代を超え、われわれの歴史観を規定した。提出・提供されている平安の武者像には、王権内に巧みに包摂された〝調教〟済みの構図が語られている。

誤解なきように申し添えるが、かく述べるのは別段『平家物語』あるいは諸種の謡曲作品の価値を云々しているわけではない。芸術作品としての価値は不変であることは言うまでもない。

ここで主張したいのは、軍記や芸能的諸作品から拡散した武人・武者像が武家＝幕府観に決定的ともいえる規定性を付与したことを考えたかったからである。謡曲世界の修羅物を味読する限りでは、粗野な武力のコーティングの巧みさである。詞章を介してのそれが芸術性の妙味だろうことは了解しつつも、王権にかくも馴致する武者・武人たちの存在のあり方は気になる。「田村」はその点で平安武者の最右翼に位置した。

「逆臣」将門について

王権と親和関係にあって、真逆に位置するのが平将門だった。田村麻呂像は、「征夷」「征伐」の観念と同居していたこともあって、平安武者の〝優等生〟だった。その点では将門は異っている。軍記の多くで田村麻呂とともに顔をのぞかせるものの、両者には大きな隔たりがある。

「天慶ニ将門　天慶ニ純友《すみとも》　天喜ニ貞任《さだとう》・宗任《むねとう》」(『保元物語』)と語られたり、「承平ノ将門・天慶ノ純友・康和ノ義親・平治ノ信頼」(『源平盛衰記』)との類似の表現があるように、いわば逆臣列伝の最たる人物として定着している。

ところがその将門の「逆臣」像は室町期には組み換えがなされる。かつて「新皇《しんのう》」を名のり、坂東を武力で圧した将門は、後述するように南北期から室町期には「親王」観が定着し、「日本将軍《ひのもとしようぐん》」とさえ呼称され、「逆臣」的要素が払拭されてゆく。ここにあるのは王権なり王威との親和性である。あるいは協調性である。粗野なる暴力と乖離させせられた将門像が提供されている。こうしたことを煎じ詰めてゆけば、『平家物語』その他の常套句ともいうべき源平武士たちの「朝家守護」観の正体にも繋ってくる。その前に将門についてもう少しだけ掘り下げておく。

将門の語られ方

「逆臣」とは「朝家ノ護リ」とは反対に位置した存在だ。軍記その他にしばしば散見する「朝家ヲ傾ケル」行為をなした存在ということになる。将門はその代表といえる。『将門記』に語られている将門の発言の多くは、作者の意思が仮託されているものだろう。そのことを承知のうえで、将門には明かに中世が封印したもう一つの武人像が伝えられている。

そこに語られている反逆の論理はやはり傾聴に値する。『将門記』によれば、常陸を皮切りに北関東の国衙《こくが》を襲い「新皇」を称した将門は、その行為の正当性を以下のように主張した。一つは

将門スデニ①柏原帝王（桓武天皇）ノ五代ノ孫ナリ・・・昔ハ②威ヲ振ヒテ天下ヲ取ル者、皆史書ニ見エタルトコロナリ、将門③天ノ与タルトコロ、スデニ武芸ニアリ・・・

と語る場面である。ここには①王威血脈観と併せ、②「兵威」の遡及的正当観、さらに③「武芸」の宿命的天賦観を合体した主張がなされている。

二つは将門の行為の支えとなった隣国契丹《きったん》への視線だ。

タトヒ④我が朝ニ非ズトモ、僉《みな》人ノ国ニアリ・・・大赦契王《たいしやけいおう》（耶律安保機《やりつあぼぎ》）ノゴトキハ・・・渤海ノ国ヲ討チ取リテ、東丹ノ国ニ攻テ領掌セリ、蓋《いか》ンゾ力ヲモテ虜領《りよりよう》セザランヤ・・・

ここには、渤海を力で「打倒」した耶律安保機と将門との同居志向が確認される。要は覇権主義の是認である。在来の権威を否定するために、同時代の東アジアの情況を引き合いに、自身の行動の正当性を主張する将門的思考には、自らを「新皇」と名乗るに足る論拠を、内にあっては①②③の理由から、そして外にあっては④契丹（安保機）の覇権思考が持ち出されていた。それが将門に仮託させ

た「兵《つわもの》」たることの主張だった。

坂東自立に向けて「新皇」を案出し、その正当化の論理を大陸での政治変動に求める将門の行動規矩の方向に、時代の転換を看取できる。「兵」の時代の到来には、従来の律令的枠組からはみ出ることも厭わない強靭な武人像があった。将門的「新皇」像には、「逆臣」の最終的帰着点が投影されていた。京都の「本皇」（天皇）とは異なる新秩序創生の立場である。

この考え方は覇権主義による王朝交替観に帰着する。将門は平安期の武人像にあっては、田村麻呂とは異なる系譜に当ると思われる。既述したように平安の武人・武者像の順逆の観念からは正反対に位置したことになる。その限りでは王威と武威の共存（公武合体）を前提とする中世にあっては、将門的武人像は肯定されなかった。『平家物語』以下の軍記にあって「逆臣」の筆頭に挙げられているのも故なしとはなかった。

将門像の変容―「新皇」から「親王」へ

将門はアウトローとして、武士の嫡流からは排されることになる。〝調教〟され得ぬ武的領有者への視線は、中世に入ると将門「新皇」観は、「親王」と等号で結ばれる。〝シンノウ〟の語を「親王」に該当させることで、将門＝「平親王」観が定着する。例えば千葉一族で相馬郡を拠点とした相馬師《もろ》常《つね》の子孫の認識がそれだ。「日本将軍平親王より以来千葉の御先祖」（史料纂集古文書編『相馬文書』一三四）との文言に見えている。

これは室町期の文正二年（一四六七）のものだが、ここには将門＝「日本将軍」観と併せて「平親王」観が伝えられていた。反逆者（逆臣）の将門は、将軍として復権したことになる。下総相馬郡は将門が相馬次郎と称されたように、ここを基盤の一つとした。そこから伝承化が進み、将門像の変換がなされた。

権力に馴致したそうした将門像は『源平闘諍録《げんぺいとうじょうろく》』にも見える。「日本将軍と号するは、千葉介常胤《ちばのすけつねたね》の次男、相馬次郎師常とはこれなり」（巻五）とあるのはそれだろう。つまり、同じ軍記でも南北朝から室町期の成立とされる『源平闘諍録』あたりには、将門を「日本将軍」となす言説が定着したとみなし得る。「新皇」は「親王」と読み換えられ、「将軍」の位置を与えられた。

その歴史認識の組み換えは重要な問題といえる（この点『英雄伝説の日本史』講談社学術文庫、二〇一九年）。別言すれば、坂東自立構想の否定である。簒奪《さんだつ》を是とする「兵威」「武芸」主義との決別の思考があった。ちなみに『将門記』が語る「新皇」観には二つの側面がある。

一つは京都の日本国の「本皇」（天皇）を否定したところでのそれである。そして二つには「本皇」を否定せず、坂東のみの「新皇」、すなわち日本国を二分する兄弟国家構想だ。だが、そのいずれにせよ後世には否定される。「親王」観念への組み換えは、あるべき秩序からのハミ出しを否定する一元的国家を前提とする。

後述するが将門的「新皇」観は一旦は否定され、封印されたものの、十二世紀末の内乱はそれを融解・再生させることになる。頼朝による東国の新政権がそれだ。「東国国家」論云々は、将門的「新皇」観と必ずしも無縁ではなかったことになる。

内乱初期にあって、鎌倉殿たる頼朝の坂東諸国への実効支配がなされた。まさに「謀叛の政権」そのものだった。『玉葉』の指摘する頼朝の動きは、将門の再来として語られる。けれども、頼朝は将門的謀叛性を宿しつつも、最終的に王朝との協調路線を選択する。「幕府」という形態の選択は、これを物語る。

中央の王権により〝調教〟化された武家の集団こそが「幕府」の呼称として似つかわしい。いささか乱暴な議論を承知でいえばこのようになる。将門的「新皇」観を敷延すれば、あるいは頼朝が当初、実効支配した簒奪権力に近いはずだ。坂東・東国の自立の志向である。けれども、そうした原形質を有した東国の新政権は、「幕府」化への過程（王朝協調体制への移行）で、〝武家権門〟としての道をとった。

「新皇」像からの「親王」像への転換には、中世国家体制内での武力の〝調教〟化のイメージが投影されている。将門を「日本将軍《ひのもと》」と呼称して憚らない状況も同じだった。将門の「平親王」観への変容の背景には、十二世紀末の位置づけが影響した。十二世紀末の内乱のなかで頼朝の反乱権力の在り方に将門像の片鱗を認められたが、それは達成されなかった。現実には内乱の終息のなかで鎌倉の政権は「幕府」への途を選択、体制内権門（公武合体）として存立がはかられた。将門についての後世の「平親王」観にもそうした認識が反映されていた。

以上、田村麻呂・将門という二人の平安武者の語られ方を眺めてきた。多分に虚構化されたイメージだが、前者は「逆臣」打倒の優等的武人像の典型が。そして、後者はその逆である。平安期の二つの武者・武人像は、十二世紀末の内乱による武家の権力体（幕府）の彫磨の過程で、公武合体路線が選択された。その点では田村麻呂的武人像は右肩上がりでますます磨きが進み、「謡曲」や「お伽草子」のヒーローとして認知されていった。

後者の将門像は「新皇」観の延長として頼朝へと〝接木《つぎき》〟されかけたが、伸びる方向とはならなかった。その結果、実像としての将門は『平家物語』のなかでは逆臣という形で定着する。しかし、他方ではそれとは別に「平親王」なり「日本将軍」観も登場し、逆臣観念からの解放も進むことになる。武家政権の成熟は将門的武者像の風化に寄与したが、『平家物語』史観の高い壁は越え難い観念として、われわれの歴史観を規定することになる。

補注

（1）平家一門に関係する作品群としては「千手《せんじゅ》」（平重衡）・「通盛《みちもり》」「忠度《ただのり》」「清経《きよつね》」「盛久《もりひさ》」「景清《かげきよ》」「熊《ゆ》野《や》」（平宗盛）等々があげられよう。源氏関係では「朝長《ともなが》」「鵺《ぬえ》」「頼政《よりまさ》」「鞍馬天狗《くらまてんぐ》」「安宅《あたか》」「熊坂《くまさか》」「船弁慶《ふなべんけい》」「兼平《かねひら》」「巴《ともえ》」「藤戸《ふじと》」「実盛《さねもり》」等々だ。ここには義仲関係の作品もある。

（2）千方は系図上では秀郷の子あるいは孫にあたる（『尊卑分脈』）。この千方が「田村」に登場する鈴鹿の地を押領した「千方」と同一と解すべきか否かは不明だ。が、推測を逞しくすれば、安和の変（安和二年・九六九、左大臣源高明の左遷事件）に関与し、秀郷の子千晴が信濃に左遷されている。都鄙を混乱させた当該事件に千晴とともに、一族の千方も関与したかもしれない（なお千晴と源高明の関係については野口実『伝説の将軍藤原秀郷』吉川弘文館、二〇〇一年も参照）。

安和の変の実相は把握し難いが、中央政界での混乱とは別に、将門の乱の功臣の二流（経基流源氏〈満仲〉と秀郷流藤原氏〈千晴〉）の両勢力の対抗があったとされており、当該政変で千晴らの秀郷流は都への進出（中央軍事貴族化）が頓挫したとされる。

その点では千方なる人物を秀郷流のそれとすれば、政変で敗れた千晴なり千方は伝承上で王権に冦《あだ》する勢力と解されたのであろう。後世記憶のなかに定着し、それが『太平記』などに投影され流布されたのかもしれない。ついでにいえば「千方」の人物名については「田村」に登場する「千手観音」の「千」にヒントを得た語呂的連想によった可能性もある。

復刊に際して

『武士の原像』が復刊のはこびとなった。有難いと思う。PHP研究所から出版されたのが六年ほど前のことだ。編集部から依頼で〝説話を主脈にした武士論を〟との要請でなした仕事だった。それまでの武士研究の主流は実像追究の方向で進んできた。当然ながらそれに異議はない。けれども、いわばゼイ肉を排した筋肉主義、別の言い方をすれば、古文書・古記録の一級史料から還元される武士論には、物足りなさを感じていた。霜降り風味の武士像の提供もおもしろいのではないか。そんな気持から以前に著した『説話の語る日本の中世』（そしえて、一九九二年）を土台に〝整形〟を施して、新刊にしたのが『武士の原像』だった。

虚実が混入する文学作品―説話や軍記―を駆使しつつ、平安時代史を紡いだのが本書だった。そこでは筋肉よりはゼイ肉を意識した叙述の仕方になっているかと思う。その点では〝実証〟云々から多分に隔もあるかと思う。時として理路や観念が勝ち過ぎる傾向もあったかもしれない。しかし『今昔物語』『古今著聞集』『十訓抄』等々の説話や『大鏡』以下の鏡物、さらには『将門記』『陸奥話記』『平家物語』『太平記』等々の軍記作品にいたるまで、本書が使用した諸史料はそれなりの数になるはずだ。

それまで多少とも武士論に手を染めた立場から、説話類に特化し、そこから抽出されるメッセージ性に着目した内容といえる。それを一言で表明したものが『武士の原像』ということができる。武士成立以前の「兵」段階の平安武者の生態を「原像」という語に込めたつもりである。

今度幸いに〝読みなおす日本史シリーズ〟の一つに加えて頂けたことは、史学と文学の架橋を試みる筆者にとっても有難いことだろう。学説史をふくめた研究上の論跡を、詳細に「補説」で述べるべきかと考えたが、そもそも本書の叙述内容から違和感も否めないと考え、あえて、謡曲世界を素材に王朝の武士像を考えようとした。

いささか長い「あとがき」となったが、今、この時期はおそらく〝負の記憶〟として残るはずだ。まさしく「新型コロナ騒動」のさなかでの状況下にある。春爛漫の桜の時節、〝こんなハズじゃなかった〟と誰しも思う昨今のパンデミックが一日も早く終息を願いつつ筆をおく。

二〇二〇年　四月

関　幸　彦

本書の原本は、二〇一四年にＰＨＰ研究所より刊行されました。

著者略歴
一九五二年　生まれ
一九八五年　学習院大学大学院人文科学研究科博士後期課程満期退学
現　在　日本大学文理学部教授

〔主要著書〕
『その後の東国武士団』（吉川弘文館、二〇一一年）、『承久の乱と後鳥羽院』（吉川弘文館、二〇一二年）、『武士の誕生』（講談社文庫、二〇一三年）、『敗者たちの中世争乱』（吉川弘文館、二〇二〇年）

読みなおす
日本史

武士の原像
都大路の暗殺者たち

二〇二〇年（令和二）九月一日　第一刷発行

著　者　関《せき》　幸《ゆき》彦《ひこ》
発行者　吉　川　道　郎
発行所　株式会社　吉川弘文館
郵便番号一一三―〇〇三三
東京都文京区本郷七丁目二番八号
電話〇三―三八一三―九一五一〈代表〉
振替口座〇〇一〇〇―五―二四四
http://www.yoshikawa-k.co.jp/
組版＝株式会社キャップス
印刷＝藤原印刷株式会社
製本＝ナショナル製本協同組合
装幀＝渡邉雄哉

ISBN978-4-642-07120-8

刊行のことば

現代社会では、膨大な数の新刊図書が日々書店に並んでいます。昨今の電子書籍を含めますと、一人の読者が書名すら目にすることができないほどとなっています。ましてや、数年以前に刊行された本は書店の店頭に並ぶことも少なく、良書でありながらめぐり会うことのできない例は、日常的なことになっています。

人文書、とりわけ小社が専門とする歴史書におきましても、広く学界共通の財産として参照されるべきものとなっているにもかかわらず、その多くが現在では市場に出回らず入手、講読に時間と手間がかかるようになってしまっています。歴史の面白さを伝える図書を、読者の手元に届けることができないことは、歴史書出版の一翼を担う小社としても遺憾とするところです。

そこで、良書の発掘を通して、読者と図書をめぐる豊かな関係に寄与すべく、シリーズ「読みなおす日本史」を刊行いたします。本シリーズは、既刊の日本史関係書のなかから、研究の進展に今も寄与し続けているとともに、現在も広く読者に訴える力を有している良書を精選し順次定期的に刊行するものです。これらの知の文化遺産が、ゆるぎない視点からことの本質を説き続ける、確かな水先案内として迎えられることを切に願ってやみません。

二〇一二年四月

吉川弘文館

読みなおす日本史

読みなおす日本史

鎌倉幕府の転換点 『吾妻鏡』を読みなおす
永井　晋著　二二〇〇円

奈良の寺々 古建築の見かた
太田博太郎著　二二〇〇円

日本の神話を考える
上田正昭著　二二〇〇円

信長と家康の軍事同盟 利害と戦略の二十一年
谷口克広著　二二〇〇円

軍需物資から見た戦国合戦
盛本昌広著　二二〇〇円

武蔵の武士団 その成立と故地を探る
安田元久著　二二〇〇円

天皇家と源氏 臣籍降下の皇族たち
奥富敬之著　二二〇〇円

卑弥呼の時代
吉田　晶著　二二〇〇円

皇紀・万博・オリンピック 皇室ブランドと経済発展
古川隆久著　二二〇〇円

日本の宗教 日本史・倫理社会の理解に
村上重良著　二二〇〇円

戦国仏教 中世社会と日蓮宗
湯浅治久著　二二〇〇円

伊達政宗の素顔 筆まめ戦国大名の生涯
佐藤憲一著　二二〇〇円

武士の原像 都大路の暗殺者たち
関　幸彦著　二二〇〇円

海からみた日本の古代
門田誠一著　（続　刊）

古代日本語発掘
築島　裕著　（続　刊）

吉川弘文館
（価格は税別）